मूकमाटी

में कला और विज्ञान

मूकमाटी
में कला और विज्ञान

डॉ. नीलम जैन

वाणी प्रकाशन

सजिल्द प्रथम संस्करण : 2023

वाणी प्रकाशन

4695, 21-ए, दरियागंज, नयी दिल्ली 110 002

फ़ोन : +91 11 23273167 फ़ैक्स : +91 11 23275710

शाखाएँ

अशोक राजपथ, पटना-800 004, बिहार

कॉफ़ी हाउस कैम्पस, महात्मा गांधी मार्ग, इलाहाबाद-211 001, उत्तर प्रदेश

महात्मा गांधी अन्तरराष्ट्रीय हिन्दी विश्वविद्यालय, वर्धा-442 001, महाराष्ट्र

36/ए, शेक्सपियर सरणी, रानी बिरला गर्ल्स कॉलेज के पास, कोलकाता-700 017, प. बंगाल

www.vaniprakashan.com
marketing@vaniprakashan.in
sales@vaniprakashan.in

Mookmati Mein Kala aur Vigyan
by Dr. Neelam Jain

ISBN : 978-93-5775-938-0
Religion/Culture

मूल्य : ₹ 395

आर. टेक ऑफ़सेट प्रिंटर्स, दिल्ली-110 032 में मुद्रित

वाणी प्रकाशन का लोगो मक़बूल फ़िदा हुसेन की कूची से

मूकमाटी में कला और विज्ञान

"इस लेखनी की भी
यही भावना है
कृति रहे,
संस्कृति रहे
आगामी असीम काल तक
जाग्रत-जीवित...अजित।" पृ. 245

अनुक्रम

परिशंसन 9

तस्मैः श्री गुरवेः नमः 11

कृति का अभिनन्दन 14

अभिनन्दन 15

इस कृति में... 16

प्रथम खण्ड

मूकमाटी में कला 21

मृण्मय कला 24

हथकरघा 39

लेखन कला 46

संगीत-कला 51

वादन-कला 55

तैराकी 61

द्वितीय खण्ड

मौसम विज्ञान 65

जीव विज्ञान 80

मन्त्र विज्ञान 99

योग विज्ञान 102

शकुन विज्ञान 108

स्वप्न विज्ञान 110

गणित 114

खगोल विज्ञान 119

मनोविज्ञान 123

राजनीति विज्ञान 137

आयुर्वेद 148

समुद्र विज्ञान 163

मूकमाटी में सुभाषित 168

परिशंसन

मूकमाटी मुक्ति की मंगलयात्रा की गौरव गाथा है, संतत्व की साधना से उपजा मानव मूल्यों का कल्पवृक्ष है। शब्द-शब्द, स्वरों स्वरों से कहने को तो माटी से मंगल कलश तक बनने की काव्य-कथा झरती है किन्तु सच पूछो तो उसमें अन्तर्निहित जीवन-दर्शन यह है कि विकृति के मार्ग से हटकर संशोधित विशुद्ध आत्मा परमात्मा बन सकती है। एक अकिंचन पददलित मासूम माटी कुशल कुम्भकार का योग पाकर जब अपना विकास कर जीवन की सर्वोच्च सत्ता घट-कुम्भ का रूप ले सकती है तब फिर यह संसारी आत्मा साधक सन्यासी बनकर सिद्धत्व की प्राप्ति कर ले तो इसमें आश्चर्य की बात क्या है? बस पतित से पावन परमेश्वर बनने का संदेश ही मूकमाटी का कथ्य है। यही काव्य/कविता का प्राण संचार है।

गुरुवर आचार्य श्री विद्यासागर जी महाराज मूकमाटी के सृजक शिल्पी हैं। जिनके शिल्पन से माटी ने नव नूतन आयाम पाये हैं। ऐसी उस विलक्षण बहुआयामी कृति की महक/सौरभ से देश-देशान्तर में लाखों जन लाभान्वित हुए हैं। उसकी असीम गहराईयों में डूब-डूबकर सुधी साहित्यकारों ने दर्शन, अध्यात्म और व्यावहारिक लोक-जीवन के बेशकीमती जिन मोतियों को खोजा है उन सभी मोतियों को पिरोकर अभिराम मुक्ता-माला शीघ्र ही तैयार हो रही है।

प्रस्तुत कार्य एक स्वाध्यायी, जिज्ञासु, खोजी की साहित्य श्रम यात्रा है। जिस यात्रा में उसे माटी की महक ने बरबस ही खीचा है। विदुषी लेखिका ने यह श्रम साध्य कार्य कर मूकमाटी की महक का विस्तार किया है। उनका कार्य प्रशंसनीय तो है ही वर्णित विषय को और-और सरसता और समरसता देने वाला भी है। सन् 1988 मढ़िया जी चातुर्मास के समापन दिनों में 'मूकमाटी' कृति का लोकार्पण हुआ था। सन् 1989 के चातुर्मास में मूकमाटी का रसास्वादन करते हुए मैंने एक संगोष्ठी के तहत मूकमाटी 'मुक्ति की मंगल यात्रा' शीर्षक से एक

आलेख लिखा था। वह मेरा अपना आस्था का अर्घ था। अब तक मूकमाटी पर बहुत कुछ / काफी कुछ लिखा जा चुका है पर माटी मूक थी और आज भी है। इसलिये मैं कहता हूँ कि उस पर जितना भी लिखा जाये वह माटी की सत्ता के लिये कम ही है।

डॉ. नीलम जैन ने विशेष आग्रह कर इस कृति पर कुछ लिख देने को कहा और वह भी अत्यल्प समय में। उनका आग्रह और गुरु भक्ति तथा मूकमाटी के प्रति निष्ठा ने मुझे एकदम प्रेरित किया। मैं जो लिखने बैठा तो लिखता ही गया और सीमित समयावधि के पूर्व ही मैंने यह लिखकर उन्हें दे दिया!

पृष्ठ-पृष्ठ और पंक्ति-पंक्ति में डूबने का वक्त नही मिला। आज मन है कि फिर कभी मूकमाटी और उस पर हुये शोधकार्यों में डुबकी लगाऊँ, डूबूँ और अपना सा कुछ पाकर सबको प्रदान करूँ।

वाणी प्रकाशन दिल्ली इसका प्रकाशन कर सुदूरवती जन-जन तक पहुँचाकर सम्यक् विस्तार कर रही है।

इस कृति को जो भी पढ़ेगा वह निश्चित ही मूकमाटी की गहराईयों को सरलता से समझेगा। लेखिका ने स्वयं इस कार्य की उपयोगिता पर प्रकाश डाला है। अन्त में 'मूक माटी सुभाषित' देकर तो उन्होंने मूकमाटी की सौरभ को और महका दिया है। बस अन्त में मैं मूकमाटी पर जो पहले अपने लेख में कहा था आज भी कह रहा हूँ –

जो मूक होता है वह महान है
माटी मूक है इसलिये वह महान है
और यह मूकमाटी है जो
सामयिक सारे प्रश्नों की समाधान है।

तस्मैः श्री गुरवेः नमः

मूकमाटी आचार्य श्री विद्यासागर महाराज जी की एक अभिनव कालजयी कृति है। मनन और चिन्तन के ऐक्य सूत्र में आबद्ध भावपूर्ण चित्रण इस महाकाव्य में ग्रथित है। इस महाकाव्य में चिन्तन प्रधान आध्यात्मवाद को जो प्रायः दर्शन क्षेत्र का विषय माना जाता है। काव्य को सरस एवं मनोरम शैली में प्रस्तुत किया गया है। इस महाकाव्य में जो भाव सामग्री है उसमें किसी शस्त्रीय परम्परा युक्त प्रणाली की सिद्धान्त चर्चा का आग्रह न होकर एक नूतन दृष्टि बिन्दु से अध्यात्म भाव की स्थापना की गयी है। इस नूतन विचारधारा का उद्गम स्रोत कहाँ हैं? यह जानने के लिए कवि की जगत और जीवन विषयक मान्यताओं का विश्लेषण आवश्यक है। आज का जागरुक पाठक युग चेतना की उपेक्षा करके सूक्ष्म पारलौकिक तत्त्व की मीमांसा से संतुष्ट नहीं हो सकता है अतएवं उन्होंने आध्यात्मिक एवं आत्मिक विकास को एक नवीन सांस्कृतिक चेतना के रूप में स्वीकार किया है जिसमें अन्तश्चैतन्य की परिणति है। मूकमाटी का आलेखन बैशाख कृष्णदशमी वीर निर्वाण संवत् 2041, बुधवार 25 अप्रैल 1984 को प्रारम्भ हुआ था तथा समपन माघ शुक्ल त्रयोदशी, वीर निर्वाण संवत् 2513, बुधवार 11 फरवरी 1987 को हुआ। इस पर 1 डि.लिट्, 27 पीएच.डी. 8 एम.फिल, 2 एम.एड. 6 एम.ए. सम्बन्धी लघुशोध प्रबन्ध हुए हैं।

मूकमाटी में जिस प्राकृत अध्यात्म को गुम्फित किया गया है, वह एक नवीन सांस्कृतिक चेतना है। वे सृष्टि के बाह्य रूप को न देखकर उसे भीतरी मानव चेतना के रूप में भी देखते हैं। इस सांस्कृतिक चेतना के मूल में सूक्ष्म मनस्तत्व के व्यापक भाव तथा अन्तर्जीवन के विकास बीज निहित हैं। सारतः इन्हीं बीजों को हम अध्यात्म वृक्ष के बीज कहते हैं। ये ही इस माटी में गहरे तक वपन किए गए हैं।

बाह्य और आभ्यन्तर जीवन के दो रूप हैं। जब तक जीवन बहिर्मुखी होकर भौतिक आवश्यकताओं की पूर्ति में संलग्न रहता है तब तक पदार्थ ही उसका प्राप्त एवं काम्य रहता है। अभ्यन्तर या अन्तर्मुखी जीवन का विकास पदार्थ मात्र की उपलब्धि से नहीं हो सकता। उसके लिये जीवन के स्थूल भौतिक समतल को छोड़कर ऊर्ध्व संस्करण शील बनना पड़ेगा। इस ऊर्ध्व संचरण के लिए हमें जीवन में समस्त बाह्य आन्दोलनों को एक नूतन सांस्कृतिक धारा में परिवर्तन करना होगा। जीवन की बाह्याभ्यंतर मान्यताओं का प्रकृत समन्वय ही मानव विकास का सोपान है। मूकमाटी में प्रकृति के माध्यम से यह समन्वयवाद अपेक्षाकृत अधिक सूक्ष्म रूप में वर्णित है। आचार्य श्री की प्रतिभा प्रकृति के रम्य प्रागंण के नाना रूपों और अगोचर व्यापारों को उद्घाटित करती है। कवि ने प्रकृति से लेकर मानव मन तक की सूक्ष्म स्पन्दनों की धड़कन सुनी है। आचार्य श्री प्रकृति जगत के जाग्रत प्रहरी हैं। पग पग बिहारी एकान्तप्रिय श्रमण होने के कारण वन, पर्वत, पेड, पौधे, पशु-पक्षी आदि प्रकृति के खुले क्षेत्र में उनकी कल्पना विचरती है। आपके मस्तिष्क में प्रकृति सदैव एक प्रयोगशाला के मूर्त रूप में विद्यमान रहती है और उसकी सहज चेतना प्रयोग में सतत् तत्पर उनकी कल्पनाओं में जड़ पदार्थ भी बोल उठते हैं। मूकमाटी में स्थान-स्थान पर प्रकृति की सजीवता चित्रित है।

मूकमाटी हिन्दी का एक ऐसा महाकाव्य है जिसमें अध्यात्म, दर्शन संस्कृति के साथ-साथ कला और विज्ञान के विविध पक्षों को समाहित किया गया है। मैंने जब कला और विज्ञान को प्रदर्शित करने वाले अंश इसमें देखे तो संग्रह करने का लोभ सवंरण नहीं कर पाई। मूकमाटी के अध्ययनोपरान्त मैंने यह निष्कर्ष प्राप्त किया कि मूकमाटी में वैज्ञानिक दृष्टि, वैज्ञानिक चिनतन जीव जगत के तथ्य, सृष्टि के अनेक रहस्य विज्ञान, कला और दर्शन के स्तर पर स्थापित हुए हैं।

प्रकृति के प्रत्येक वर्ण और गंध का आचार्य श्री को सहज ज्ञान है और ये पुष्प तितलियों से लेकर हिमालय, बादल, वर्ण, सीपी, सागर सबके रहस्यों से परिचित हैं। गिरि के अंचल से फूट-फूट कर बहने वाले निर्झरों, सरिताओं तथा उनके रंगीन चिकने उपलों से उनके मन और प्राणी का अटूट सम्बन्ध है। यथाजात रूप के धारी यथाजात में ही रम जाते हैं। उनके साधना-चक्षु गिरि प्रांतर में खिलने वाली उषा के आलोक से रोशनी लेते हैं और संध्या की छवि को सहज आत्मसात कर जीवन के लिए आवश्यक प्राणवायु समझते हैं। प्रकृतियों को उज्ज्वलतम रूप देने में आचार्य श्री का विशेष हाथ है।

उन्होंने अपनी कल्पना-तूलिका से इसमे नयी जान डाल दी है, उनके स्पर्श से जैसे शिला रूप अहल्या फिर प्राणवन्त हो उठी है। वस्तुतः प्रकृति में प्राणों का रस है जो अपने माध्यम से चेतनामयी आलोक सृष्टि का निर्माण करने में सक्षम है—आचार्य श्री अन्तरंग में जीते हैं। बाह्य से निर्पेक्ष है। इसीलिए इनका सृजन सीमितता से व्यापकता की ओर, स्थूल से सूक्ष्म की ओर तथा व्यष्टि से समष्टि की ओर जा रहा है। वे बाह्य जगत और आंतरिक चेतना में सामंजस्य चाहते हैं। वे यंत्र और जीवन का समन्वय चाहते हैं। उनका कहना है कि संसार में रहकर आत्मिक दिव्यता का प्रस्फुरण ही जन-जीवन को मंगलमय कर सकता है। युग चेतना और लोक चेतना का स्तर एकाकार ही होना चाहिए।

इस चम्पावर्णी कृति को जब जब भी स्पर्श कर जीवन के रिसते क्षणों को अमूल्य बनाया तब तब ही यह विविध वर्णी होकर मेरे अन्तरंग को दमकाती चमकाती रही है विविध पक्षों को समय-समय पर मथकर विद्वानों ने अमूल्य रत्न संचित किये हैं मुझे भी इसके अन्तरंग के मानवीय मूल्य मणि ने आकर्षित किया है उसी को अल्पप्रज्ञा ने गुरु आशीष से सहेजा है। मेरे नम्र निवेदन पर विश्वसनीय आकार और पठनीय स्वरूप कवि हृदय प्रखर वक्ता, तत्त्व चिन्तक प्रातः स्मरणीय प्रभावक सन्त मुनि श्री 108 समतासागर जी महाराज ने 'सौरभ संचयन' के रूप में प्रदान किया है। मैं उनके वात्सल्य को कैसे शब्दायित करूँ? उनकी तपःपूत लेखनी से निःसृत एक एक शब्द पूजा का अर्ध बन गया है। उनके पावन श्री चरणों में कृतज्ञता पूर्वक बारम्बार नमोऽस्तु करती हूँ।

ब्र. भरत भैया ने मुझे पूज्य मुनि श्री प्रणम्यसागर जी महाराज जी कृति पूज्य आर्थिका श्री अनन्तमती जी माता जी की कृतियां उपलब्ध कराई, मैं उनका भी धन्यवाद करती हूँ। श्री अरूण महेश्वरी जी प्रबन्ध निदेशक वाणी प्रकाशन ने भव्य रूप से आचार्य श्री के प्रति समर्पण भाव रखते हुए पूरी निष्ठा और निर्धारित समय में इसका प्रकाशन किया। मैं अंतर्मन से कृतज्ञता व्यक्त करना अपना पुनीत कर्तव्य समझती हूँ। विद्वत्वाज मुझे सुझाव देकर अनुग्रहीत करेंगे। क्षमा भाव सहित।

अन्त में पुनः मूकमाटी के यशस्वी व मनस्वी जगत्पूज्य शिल्पी आचार्य श्री विद्यासागर जी महाराज के श्री चरणों में कोटि कोटि नमोऽस्तु!!!

विज्ञजन त्रुटियों पर अवश्य ध्यानाकर्षित कराएंगे जिससे संस्कारण शुद्ध से शुद्धतम होते जाएं गुरु चरणों में श्रद्धावनता।

डॉ. नीलम जैन

एच–210 डैफोडिल्स,

मगरपट्टा सिटी, पुणे–411013

कृति का अभिनन्दन

प्रातः स्मरणीय संत शिरोमणि आचार्य श्री विद्यासागर जी द्वारा सृजित जब से मूकमाटी का दर्शन/अध्ययन हमने किया है तब से इस ग्रंथ ने हमें अपूर्व शान्ति दी है। आज सर्वत्र इस ग्रंथ की कीर्ति-पताका फहरा रही है। विश्वविद्यालयों में इस पर शोध हो रहे हैं। नये-नये ढंग से इस पर कार्य हो रहे हैं। इसके अनेक भाषाओं में इसके अनुवाद हुए हैं टेलीफिल्म बनी हैं, नाटिका बनी है।

डॉ. नीलम जैन जी हमारे समाज का गौरव हैं प्रसिद्ध विदुषी हैं, जब उन्होंने मुझसे अपनी इस पुस्तक के विषय में बात की और अपनी पाण्डुलिपि दिखाई तो मुझे बहुत आश्चर्य हुआ कि मूकमाटी में कला और विज्ञान भी है सचमुच मूकमाटी ज्ञान का भण्डार है। नीलम जी ने बहुत परिश्रम कर इसे तैयार किया मैंने उन्हें प्रकाशित कराने की प्रेरणा दी।

मैं पूज्य आचार्य श्री के दिव्यता को नमन करती हूं– डॉ. नीलम जैन के पुरुषार्थ की प्रशंसा करती हूं साथ ही मंगलकामना करती हूं कि यह कृति सर्वत्र समाहत हो–

समस्त संघ के चरणों में नमोऽस्तु।

पूज्य गुरुदेव के चरणों में कोटि कोटि नमोऽस्तु।।

विनम्र

सुशील पाटनी

आर.के. मार्बल्स

किशनगढ़ (राजस्थान)

अभिनन्दन

हमारे आराध्य हर पल वन्दनीय परमपूज्य संत शिरोमणि आचार्य श्री विद्यासागर जी द्वारा लिखित मूकमाटी का अनेक बार हमने स्वाध्याय किया। मूकमाटी पर बनी टेलीफिल्म भी देखी और अनेक प्रसंगों पर हमने अपनी संस्था में नाटक भी कराये। लेकिन हमने तो कभी कल्पना भी नहीं की थी कि इस ग्रंथ में इतना गंभीर ज्ञान भरा हुआ है। नीलम जी के वैदुव्य को तो हम सदैव प्रशंसक रहे हैं लेकिन मूकमाटी को मथ-मथ कर उन्होंने जो नवीनीत दिया उसने तो गद्गद् ही कर दिया।

मैं तो जिनेन्द्रदेव से यही प्रार्थना करती हूं पूज्य गुरुदेव हमें और भी कृति प्रदान कर कृतार्थ करें तथा नीलम जी अपनी लेखनी से हमें मार्ग दर्शन देती रहें। पूज्य गुरुदेव के चरणों में बारम्बार नमोऽस्तु।

शीला डोडिया
अधिष्ठात्री
श्री संत सुधासागर बालिका महाविद्यालय एवं छात्रावास
सांगानेर (राजस्थान)

इस कृति में...

'मूकमाटी' मानव मूल्यों का काव्य है। इस अमर कृति में मानव समाज की कल्याण–भावना से अनुप्राणित हो उन मानवीय मूल्यों की साधना की गयी है जो देश और काल की सीमाओं का अतिक्रमण कर समस्त मानव जाति को सुख, शान्ति, समृद्धि और उन्नयन के पथ पर अग्रसर करते है। 'मूकमाटी' की रचना में जीवन के विविध पक्षों पर कवि की दृष्टि रही है उसमें पात्र सृष्टि के माध्यम से युग चिन्तन को स्पष्ट किया गया है। धर्म, दर्शन, नीति, अध्यात्म सभी की गहरी उहापोह हुई है।

इसीलिए **'मूकमाटी'** हाथ में आते ही जैसे पुकार कर कहती है–मानव को निज स्वरूप में प्रतिष्ठित करो, वह सूखता जा रहा है उसे हरा करो, पल्लवित पुष्पित करो। मानव मानव के मध्य उठ रही असंख्य दीवारों को गिराओ। उसमें राष्ट्र प्रेम जाग्रत करो। उसे इस योग्य बनाओ कि परिवार एवं समाज का अभिन्न अंग बनकर जिएँ। उसे पशु बनने से रोको, वह मानवता का पुजारी बने। कभी देवता मानव देह धारण करने के लिए ललचाते थे उसी देव दुर्लभ मानव देह को मानव मूल्यों से सजाओ उसकी धमनियों में विष घुल गया है उसे अमृत पिलाओ उसे अपनी सामान्य भाव–भूमि पर प्रतिष्ठित करो। यह कल्पना विकास का युग नहीं है और न कला के नाम पर पच्चीकारी का युग है। यह तो पुनर्निर्माण का युग है और मानव को सम्पूर्ण विनाश से बचाने का युग है। **मूकमाटी** में यह करने में समर्थ है।

प्रस्तुत कृति में **'मूकमाटी'** के उन्हीं अंशों को संग्रहीत करने का विनम्र प्रयत्न किया गया है जिनसे वर्तमान को उर्जास्वित प्राणवन्त उर्जा प्राप्त होगी तथा आस्था, विश्वास और विमल विवेक की अवदात भूमि पर शाश्वत् जीवन मूल्यों की स्थापना होगी।

प्रस्तुत कृति में **'मूकमाटी'** में निहित सुभाषित को भी पृथक् कर प्रकाशित किया गया है जिनको पढ़कर तो विवेक जागृत होगा ही साथ ही अनेकानेक स्थलों पर लेखक, पत्रकार, प्रवचनकार उनका उपयोग कर अपने कथ्य को प्रभावशाली बना सकते हैं।

'मूकमाटी' का सम्पूर्ण कथावृत्त भी दे दिया गया है जिससे पाठकों को यह जानने में सुविधा होगी कि वस्तुतः **'मूकमाटी'** है क्या?

अस्तु! प्रकाशन समिति डॉ. नीलम जैन के प्रति आभारी है, जिन्होंने 'मूकमाटी' से इन मानव मंगलकारी प्रसंगों को भावार्थ के साथ प्रस्तुत किया।

पूज्य श्री संत शिरोमणि आचार्य श्री 108 गुरुवर विद्यसागर जी के चरणों में कोटिशः नमोऽस्तु। उनकी तपःपूत लेखनी हमारा प्रतिपल मार्गदर्शन करती हुई – सतत् गतिशील रहें। उनके आशीष की छत्र-छाया का आकांक्षी–

अरुण माहेश्वरी
प्रबन्ध निदेशक
वाणी प्रकाशन
नयी दिल्ली

प्रथम खण्ड

मूकमाटी में कला

कला कल्याण की जननी है। इस धरती पर मनुष्य की उदय वेला का इतिहास कला से ही रूपायित हुआ। कला विराट विश्व की सृजन शक्ति होने के कारण सृष्टि के समस्त पदार्थों में व्याप्त है। हमारा जीवन और जगत कलामय है सामाजिक प्राणी होने के कारण मनुष्य ने अपनी अनुभूतियों, संवेदनाओं व अवचेतन मन की भावनाओं को अभिव्यक्ति के लिए कला का आविष्कार किया। भारतीय कला का रूप मात्र कला के लिए कला न थी प्रत्युत उसमें आनन्द एवं सौन्दर्य दोनों का ही आध्यात्मिक रूप सन्निहित रहा है।

भारत भूमि पर अनगिनत कला शैलियों का विकास हुआ। भारतीय कला सम्पदा भारतीय संस्कृति की गौरवमयी परम्परा का आधारभूत स्तम्भ है। इसके अन्तर्गत कलाकार प्रत्येक कलाकृति के ललाट पर उसकी अर्थलिपि अंकित करता है। इस अर्थलिपि के वाचन हेतु हमें अपने स्तर के कलामर्मज्ञ को सक्रिय करना पड़ता है।

कला में कला ही जीवन का सत्य एवं सुख की राशि है भारतीय कला यहां क़ी दार्शनिक, धार्मिक एवं सामाजिक संस्कृति का समाहार है, जीवन के गम्भीर एवं गूढ़ तात्विक विवेचनों की प्रतीकात्मक व्याख्या हमें भारतीय कला में सर्वत्र दिखाई देती है। आचार्य श्री की ये पंक्तियाँ द्रष्टव्य हैं–

व्यक्ति का गौरव, संस्कृति की थाती और समाज की प्रेरणा कला से ही सुरक्षित रहती है। नियम, रीति और आर्थिक व्यवस्था केवल तभी तक सार्थक रहते हैं, जब तक वे मानवीय मूल्यों, कला चेतना और आकांक्षाओं की सम्पुष्टि में सहायक होते हैं।

कला मनुष्य के जीवन को समृद्ध और सामाजिक बनाती है। यह केवल मनुष्य की पूर्णता ही व्यक्त नहीं करती, अपितु उस तत्त्व को भी व्यक्त करती है,

जो मानव मानव के भेद को समाप्त कर उसे एक सूत्र में पिरोता है। इसमें कोई बन्धन नहीं होता, वह राजनीति, धर्म, अर्थ, व्यवसाय आदि से पृथक होती है। ये संस्कृति का दर्पण मानी जाती हैं, जो जनमानस को ज्ञान और सौन्दर्यबोध प्रदान करती हैं।

आचार्य श्री उन तीर्थंकर ऋषभदेव की श्रमण परम्परा के समर्थ संवाहक है जिन्होंने विश्व को असि, मसि, कृषि, शिल्प विद्या वाणिज्य का ज्ञान दिया पुरुषों को 72 और महिलाओं को 64 कला का विशद ज्ञान दिया। आचार्य श्री ने समस्त आगम साहित्य का तो अध्ययन किया ही है साथ ही ईश्वरीय उपहार के रूप में कवित्व एवं संवेदनशील हृदय भी उन्हें प्राप्त हुआ है। वे कला पुरुष है, कला पारखी, कला मर्मज्ञ, कला प्रशंसक है। इसलिए कला की उन्हें भांति कवि मीमांसा की है–उन्होंने कला में नई दृष्टि और सर्वथा नयी भाषा का प्रर्वतन किया है। कला में अपने नये प्रतिमान नई पद्धति और नयी कला भाषा सचमुच वही दे पाता है जो अपने समय की चुनौतियों और आवश्यकता को समझता है।

कला की व्याख्या करते हुए आचार्य श्री भी स्पष्ट कहते हैं। कला आत्मिक सुख प्रदाता है–

कला शब्द स्वयं ही कह रहा है कि
'क' यानी आत्म सुख है
'ला' यानी लाना-देता है
कोई भी कला हो
कला मात्र से जीवन में
सुख-शान्ति-सम्पन्नता आती है। पृ. 396

कलाएँ परस्पर निर्भर होती हैं, आपस में सहयोगिनी होती हैं। इसमें उनके अन्तःसम्बन्ध का ज्ञान होता है। परस्पर जुड़ाव से ही वे विकास की ओर अग्रसर होती हैं। एक कला जब अपनी उत्पत्ति से अग्रसर होकर विकास करती हुई अपने चरम अर्थात् शास्त्रीयता तक पहुँचती है, तब उसके प्रभाव से दूसरी कला का विकास क्रम प्रारम्भ हो जाता है। रूप, गुण आदि की दृष्टि से विभिन्न कलाओं में कितना भी भेद हो, किन्तु सभी का उद्देश्य आनन्द का सृजन करना है, इसीलिए ललित कलाओं में विभाजन रेखा सींचना सम्भव नहीं है। मूकमाटी में एक मृण्मय कला से ही अनेक कलाओं का भी आविर्भाव

हो जाता है **और देखकर सुखद आश्चर्य होता है कि आचार्य श्री कलापारखी, कलामर्मज्ञ एवं उत्कृष्ट कलाविद् हैं–इसीलिए मूकमाटी में सहज ही अनेक कलाओं का सद्भाव होता है।**

पूज्य आचार्य श्री ने बहुत व्यापक परिसीमा में चिन्तन किया है, प्रश्नों को समझा है, उत्तरों को परखा है। वेदना की ज्वाला में झुलसे, अनकहे, अनसुने प्रश्न और उत्तर की भी वेदना को सुना है। आचार्य श्री चिरन्तन प्रकाश के कवि हैं इसलिए उन्होंने विश्वचेतना के धरातल का स्पर्श किया है तमस और ज्योति दीपक और मशाल अन्धकार और प्रकाश कृष्ण और श्वेत के मध्य जागृति और पुरुषार्थ के सूरज को उगाया है। **मूकमाटी की इस बनुकर कथा में भाव सत्यों के हथकरघे पर यथार्थ की बुनकरी है, जीवन का हर धावा धुन-धुन धुनक की सम्पूर्णता में आकार ले रहा है।** सर्वप्रथम हम मृण्मय कला का ही विश्लेषण करते हैं, जो मूकमाटी की मुखर आवाज है।

मृण्मय कला

भारतीय मृण्मय कला अत्यन्त प्राचीन है। मृदभाँड़ कला को तो यदि कला संस्कृति का डी.एन.ए. कहा जाये तो अतिशयोक्ति नहीं होगी, क्योंकि प्राचीन मृदभाँड़ अवशेषों से उस कला विशेष की सांस्कृतिक, आर्थिक, धार्मिक पृष्ठभूमि ज्ञात होती है। प्रमुख पुरातत्त्ववेत्ता फिलेडर्स पेट्री का विचार है कि समय तथा स्थान विशेष की संस्कृति के विभिन्न पहलुओं की जानकारी में मृदभाँड़ एक महत्त्वपूर्ण अंग हैं। प्राचीन संस्कृतियों के अध्ययन के लिए महत्त्वपूर्ण स्रोत है। नवपाषाणिक सन्दर्भ में भारतवर्ष के प्रायः प्रत्येक पुरास्थानों से मृदभाँड़ परम्पराएँ प्राप्त हुई हैं। मृदभाँड़ पुरातत्त्व के क्षेत्र की वर्णमाला कहे जा सकते हैं। पुरातत्त्ववेत्ता फिलिप लिखते हैं–

Indian people view pottery not only as containers for food or other items but also as containers and givers of life. They are being created by the union of clay and water through the potters hands and thoughts which are transtered into the vessel. They have life and history...

Felipe V. Crtega

ऋग्वेद तथा उत्तरवैदिक ग्रन्थों में उल्लिखित पात्र निर्माण कला मनुष्य का एक प्रमुख व्यवसाय हुआ करता था। शतं कुम्भान् असिचतं मधुनाम् (ऋग्वेद 1/1167)। आचार्य श्री की ज्ञान (सअथिसिंचित दूरदृष्टि का परिणाम हे माटी से पूर्ण कुंभ की संरचना, इसमें धर्म व दर्शन के रहस्य छिपे हुए हैं। पूर्ण घट सौभाग्य, पूर्णतया तथा जीवन का प्रतीक हैं। अपने मंगल एवं सौभाग्य सूचक गुण के कारण कला में इसका स्थान सदैव ही बना रहा।

मिट्टी जहाँ एक ओर जीवन के प्रत्येक पहलू से सम्बन्धित रही है, वहीं जीवनदर्शन को अभिव्यक्त करने का सर्वाधिक सरल और सहज माध्यम रही है।

मृदा की कोमलता इसी बात का संकेत है कि वह स्वतः ही सबको स्वयं में समाहित कर लेती है। मृदा का यह गुण नवीन सृजनाओं को भी सर्वाधिक आकर्षित करता है। शिल्पकार अपनी आन्तरिक मनःस्थिति को अपने विचारों और कल्पनाओं को मिट्टी में ढालता है और उसमें परिवर्तन करता हुआ अन्तिम रूप तक पहुँचता है तथा अपने चुने हुए आकार को रूपान्तरित करता है।

मृदा और पात्रकला का सम्बन्ध शाश्वत अविनश्वर प्राचीनकाल से है–आचार्य श्री ने भी कहा है–

सत्ता... शाश्वत होती है
सत्ता...भास्वत होती है *पृ. 7*

इस मिट्टी ने ही हमारे जीवन रूपी जड़ को मजबूती से पकड़ा हुआ है। मिट्टी के कंकड काँटे जब तक नहीं छूटते तब तक अन्तर्वाह्य लोक की कंटीली, जहरीली अंधेरी झंखडीली नागफनी नहीं छूटती, नहीं टूटती। यह कला अत्यन्त प्राचीन है। इसका पर्याप्त उल्लेख सिन्धु घाटी सभ्यता के अवशेषों, वेद, पुराण, उपनिषद, पालि, प्राकृत ग्रन्थों में प्रचुरता से मिलता है। सृष्टि में क्षिति, जल, अग्नि, वायु, आकाश पाँचों तत्त्वों का महत्त्व है। मृण्मय कला में इन पाँचों तत्त्वों का समावेश है। **एक कुम्भ को बनाने के लिए मिट्टी, उसे गूँथने के लिए जल, सुखाने के लिए हवा, पकाने के लिए अग्नि की आवश्यकता होती है और जब वह पककर तैयार हो जाता है, तब उसके अन्दर रिक्त स्थान आकाश की उपस्थिति का अहसास कराता है। अतः पूर्ण प्रकृति मृण्मयकला में समाविष्ट है।**

मिट्टी पर चित्रकारी

भारतीय चित्रकला की विशेषता उसकी धार्मिकता से जुड़ाव है। प्रतीकात्मकता, आदर्शवादिता, रेखा एवं अलंकारिता सभी में जीवन के आदर्श मंगलकामना तथा प्रकृति प्रेम परिलक्षित होता है। प्रभावशाली ढंग से प्रतीकात्मकता का प्रयोग होता है। भारतीय चित्रकला में प्रकृति की सहगामी प्रवृत्ति रहती है। पर्वत, नदी, पेड़, पशु, पक्षी का विशद चित्रण चित्रकला में मिलता है। भारतीय संग्रहालयों में चीनी-मिट्टी के बर्तनों तथा ठीकरों पर अंकित हजारों लेख व चित्र संग्रहीत हैं, जो सिन्धु घाटी सभ्यता, मोहनजोदड़ो, कीलीबंगा, पीलीबंगा खुदाई से प्राप्त हुए हैं।

विष्णु धर्मोत्तर पुराण में तो चित्रकला को सकल कलाओं में श्रेष्ठ कहा गया है और उसे धर्म, अर्थ, काम, मोक्ष इन चारों पुरुषार्थों का प्रदाता भी मना गया है।

कलानां प्रवरं चित्रं, धर्मकामार्थमोक्षकम् ।।

समरांगणसूत्रधार (भारतीय वास्तुशास्त्र से सम्बन्धित ज्ञानकोशीय ग्रन्थ) में भी लगभग इसी प्रकार से चित्र का वर्णन किया गया है–

चित्रं हि सर्वशिल्पानां मुखं लोकस्य च प्रियम् ।

सिन्धु घाटी सभ्यता के दोनों नगरों (मोहन जोदड़ो एवं हड़प्पा) से प्राप्त बर्तनों, पत्थरों, मिट्टी की मूर्तियों, मोहरों पर अतीव आकर्षक चित्रकारी प्राप्त होती है।

इस चित्रकारी में हमें हृदय की संवेदना पारिवारिक एवं धार्मिक आस्थाओं के विभिन्न पहलुओं के दर्शन होते हैं। इस लोककला में सौन्दर्याभिव्यक्ति के साथ समाज, परिवार आदि की मंगलकामना व्याप्त होती है। मनुष्य सदैव मगलकांक्षी रहा है। वह अपने जीवन और दूसरों के जीवन में मंगल देखना चाहता है। कलश स्वयं ही मंगल का प्रतीक है। भारतीय संस्कृति में जनमानस विवाह, व्रत, अनुष्ठान, पूजा-पाठ आदि में सर्वप्रथम कलश का ही प्रयोग करता है। कलश सुख, शान्ति, धन-लाभ, शुभ-लाभ, पुण्य, यश का प्रतीक माना जाता है। कलश, मिट्टी, ताँबा, पीतल, चाँदी, सोने आदि धातु के स्वीकार्य हैं। भारतीय संस्कृति में किसी भी शुभकार्य का प्रारम्भ कलश स्थापना से ही होता है। कलश के मुख पर आम्र या अशोक के पत्ते रखे जाते हैं और उसके ऊपर श्रीफल (नारियल) रखा जाता है।

कलश के इस प्रतीक को पूर्णकलश, मंगलकलश भद्र घट, चन्दन-कलश अथवा भद्रकलश कहा जाता है। पूर्णकलश सम्पूर्णता, सम्पन्नता अथवा समृद्धि का सूचक है।

वासुदेव शरण अग्रवाल के अनुसार–"कमल के पुष्प और पत्रों में लहराता हुआ पूर्णघट जीवन के जल को धारण करने वाले मानवी शरीर का ही प्रतिरूपक है जीवन रूपी जल ही इस घट की शोभा है जब तक उसमें जीवन या प्राण भरा रहता है तभी तक मांगलिक या पूज्य समझा जाता है।

अर्थववेद में पूर्णकुम्भनारी का उल्लेख पाया गया है। पूर्णनारि प्रभरकुम्भेमत घृतस्य धराममृतेन सम्भृताम्।

मंगलकलश की मंगल यात्रा

(श्री एल. श्रीवास्तव, भारतीय कला प्रतीक, अध्याय-सात, पृ. 87)

मंगलकलश आज भी नारियाँ लेती हुई दिखाई देती हैं। आचार्य श्री के भाव हैं–

माटी का कुम्भ है
पथ-प्रदर्शक दीप समान
तामस-नाशी
साहस-सदय-स्वभावी

आवश्यकपूर्णी से भी ज्ञात होता है कि कुलाल कुम्भशाला में मिट्टी के बर्तन बनाते थे। पनशाला में पकाकर भण्डारशाला में संगृहीत करते थे। (आवश्यकपूर्णी 282) मज्झियनिकाय में मिट्टी के खिलौने तथा विभिन्न प्रकार के आलेखन बनाकर चमक दी जाती थी (सुधीर 2012:17)। विष्णु पुराण में कुलाल अनेक प्रकार के मृण्मय पात्रों का सृजन करते थे। इन पात्रों को चाक पर बनाया जाता था। अनेक ग्रन्थों में मिट्टी के बर्तन बनाने का उल्लेख मिलता है। मिट्टी के बर्तन बनाने सम्बन्धी कार्य ब्राह्मण और सूत्र ग्रन्थों में भी देखने को मिलती है।

प्रतीक चिह्न–भारतीय लोक संस्कृति के प्रत्येक क्षेत्र में प्रतीकों का महत्त्वपूर्ण माना गया है। प्रतीक संकेतों से पृथक हैं और एक जटिल व्यापक अर्थबोधात्मक सत्ता है।

Encyclopedia of Religion and Ethics में गार्डनर के विचार से हर प्रतीक का अपना अर्थ और संचरणशीलता होती है। प्रतीक उसे कहते हैं, जो देखने या सुनने में किसी भी विचार, भावना या अनुभव को व्यक्त करता है। (सिंह 2010:18)

मिट्टी से प्रतीक चिह्न बने भी यथा–लक्ष्मी, गणेश आदि अनेक देवी-देवता, अनेक प्रकार के पशु-पक्षी, दीपक आदि। मिट्टी के बर्तनों पर चित्रकारी की कला भी अति प्राचीन है। चित्रकारी में शिल्पी ने मंगल प्रतीक, मंगल चिह्न, सुन्दर कविताएँ आदि चित्रित की हैं–

भारतीय संस्कृति में मांगलिक भावना का महत्व सदा ही रहा है यह मांगलिक भावना अनेक मांगलिक प्रतीकों एवं मांगलिक अभिप्रायों के रूप में भारतीय कला एवं साहित्य में द्रष्टव्य है। यहाँ की कलानिधियों में कल्याण एवं आरक्षा की भावना से अनेक मांगलिक प्रतीकों की सृजना हुई।

चित्रकला कोई साधारण कला नहीं है इसमें प्रतीकात्मक आकृतियों द्वारा जीवन के मंत्र और मंगलकामनाओं की सुन्दर रचना की जाती है। आध्यात्म और तंत्र का समावेश देखने को मिलता है। यदि अच्छी से अच्छी कलात्मक वस्तु का कोई उपयोग न हो तो वस्तु मूल्यविहीन समझी जाती है।

चौक पूरना धर्मानुप्राणित है श्रद्धा से उदात्त भावों से इसकी संरचना होती है। द्वार पर अलंकृत घड़ा रखना उस पर नारियल रखना कला की उत्कृष्टता के प्रतीक हैं। गुजरात में 'साथिया', राजस्थान में माण्डना महाराष्ट्र में रंगोली, उत्तर प्रदेश में चौक पूरता, बंगला में अल्पना, गढ़वाल में आपना, बिहार में अहपन से प्रख्यात इस कला से वर्तमान में न जाने कितने कलाकार अपनी आजीविका चला रहे हैं, न जाने कितनी वीडियो, कला वीथिका, इसमें प्रचार प्रसार में संलग्न है आज तो यह एक व्यवसाय का रूप ले चुकी है।

मूकमाटी में माटी का मंगलकलश बनने की यात्रा के मध्य में निःश्रेयस की प्राप्ति के लिए आध्यात्मिक ऊँचाई तथा जीवन को भौतिक दृष्टि से भी सम्पन्न एवं परिष्कृत बनाने की भी विधाएँ और कलाएँ समग्र रूप से समाहित हैं। भारत में कला और धर्म का समन्वय रहा।

मंगलघट पर चित्रकारी

घट पर चित्रकारी चित्रकला को ही उद्घाटित नहीं कर रही है अपितु यह कला जिसे कलाओं में श्रेष्ठ कला कहा गया है उसके प्रति गुरुदेव ने अपनी सूक्ष्म दृष्टि से ध्यान केंद्रित कराया है। कलाकार की आत्माभिव्यंजना रंगों करी तूलिका में जब ढलती है दर्शक हतप्रभ रह जाते हैं। आदि युग से अद्यतन इस कला ने कलाप्रियता के विभिन्न सोपान रंजित किए, अजन्ता, बाघ एलोरा की मनाकृति हो, भित्ति चित्र, गुपफा चित्र को यॉ रॉक पेण्टिग अथवा मन्दिरों की मूर्तियों की चित्रकारी में जन शक्ति चिन्हित है। मधुबनी, पहाड़ी तंजौर मुगल बंगाल शैली अपनी अनूठी पहचान बनाए हुए हैं। देश से विदेश तक इस कला का बाजार है, अन्तर्राष्ट्रीय स्तर पर चित्रकला की महत्ता है।

बायें हाथ में
कुम्भ लेकर
दायें हाथ की अनामिका से
चारों ओर कुम्भ पर

मलायचल के चाक चन्दन से
स्वयं का प्रतीक
स्वस्तिक अंकित
करता है– पृ. 309

मंगलघट पर इसीलिए कुम्भकार सन्देश वाहिका कविता भी चित्रित करता है–**मर हम मरहम बने।**

यह चार शब्द की कविता भी मिलती है। कुम्भ पर इसका अर्थ भी बताया गया है कि हमारा जीवन सरल नहीं है। पाषाणमय होता है, इसलिए कितने ही पथिकजन ठोकर खाते हैं, कितने समय और परिस्थितियों की चोट से लहूलुहान हो जाते हैं।

एक सन्देश और लिखा है–'मैं दो गला' इसमें तीन अर्थ दिये हैं। अपने 'मैं' अर्थात अहंकार का विनाश करो, मैं द्विभाषी हूँ। मेरी कथनी-करनी में अन्तर है। मैं दोगला हूँ। छली, धूर्त, मायावी हूँ। इन सबको समाप्त कर ही हमें अच्छे मनुष्य बन सकते हैं–

मैं दो गला
मैं द्विभाषी हूँ
भीतर से कुछ बोलता हूँ
बाहर से कुछ और
पय में विष घोलता हूँ पृ. 174–5

इस प्रकार एक सन्देशवाहक चित्रकारी भी घट पर घटी है।

कुम्भ सबमें मंगल का सूचक है। माटी से कलश तक की मंगलकारी यात्रा सबका मंगल करती है।

खरगोश और कछुआ–दोनों ही प्रकृति के अद्भुत प्राणी है–कछुआ और खरगोश की दौड़ प्रसिद्ध है। दोनों ही जीवों का अंकन बाल-वृद्ध सभी को आकर्षित करता है। कछुआ जल का जीव है और कुम्भ पर इसका अंकन कुम्भकार कर मिट्टी को उसके उद्गम से जोड़ते रहते हैं। **मूकमाटी का कुम्भ इससे पृथक नहीं है। इस पर भी कुम्भकार खरगोश कछुआ का चित्र अंकित करता है।** जो निरन्तर अभ्यासरत रहने की प्रेरणा देता है। कछुवा और खरगोश का चित्र साधक को साधना की विधि बता रचित करा रहा है। कछुवा धीमी अपनी चाल चलता समय के भीतर लक्ष्य तक पहुंचा है और खरगोश धावमान होकर

भी बहुत पीदे रह चुका है। फेंगशुई तो कुछए को समृद्धि का प्रतीक मानता है। घर और कार्यालय में इसको रखने पर सुख, समृद्धि प्रदायी मना जाता है। हिन्दू पुराणों के अनुसार विष्णु जी ने कच्छप के रूप में भी अवतार लिया था। यह भी कथा प्रचलित है कि पृथ्वी कच्छप की पीठ पर आधारित है। प्रकृति के साथ रहने वाला कुम्भकार पशु-पक्षियों से अपने प्रेम को भी अपनी कृति में अपनी कला में अंकित करता है।

कुम्भ पर हुआ वह
सिंह और श्वान का
चित्रण भी

वहीं कुम्भ पर
कछुवा और खरगोश का चित्र

अब दर्शक को दर्शन होता है–
कुम्भ के मुखमण्डल पर
'ही' और 'भी' इन दो अक्षरों का
ये दोनों बीजाक्षर हैं
अपने-अपने दर्शन के
प्रतिनिधित्व करते हैं। पृ. 172

प्यारा-प्यारा खरगोश सुख, शान्ति और समृद्धि का प्रतीक मना जाता है। कहते हैं खरगोश घर में आने वाले संकटों की पूर्व सूचना भी देते हैं। खरगोश चित्त को प्रफुल्लित करता है। शिल्पी इसका भी चित्रांकन करता है।

कुम्भ के मुख से निकल रही है मंगल-कामना की पंक्तियाँ–

यहाँ सबका सदा
जीवन बने मंगलमय
छा जाये सुख-छाँव
सबके सब टलें
वह अमंगल-भाव
सबकी जीवन-लता
हरित-भरित विहंसित हो

गुण के फूल विलसित हों
नाशा की आशा मिटे
आमूल महक उठे
...बस... पृ. 470

भगवान जगत बनाता है, पर भगवान के भक्त तो भगवान की पूजा के लिए मिट्टी का ही अवलम्बन लेते हैं। डॉ. सुमन ने मिट्टी के विश्वास की अमरता के लिए लिखा–

सौ बार बने और सौ बार मिटे
लेकिन मिट्टी अविनश्वर है
मिट्टी गल जाती पर उसका
विश्वास अमर हो जाता है।

हरिवंशराय बच्चन को भी इस माटी पर गर्व है–

जिसे झंझा की झनक न भाये
उसे नहीं जीने का हक है
जिसे माटी की महक न भाये
उसे नहीं जीने का हक है।

आचार्य श्री करुणा निधान है, करुणा से ही इस महाकाव्य का जन्म हुआ वही रचना साहित्य होती है जिसमें करूणा होती है, लोक को स्वयं में निहित कर लोक में करूणा का आलोक वही साहित्य बिखेरता है जिसमें जड़ चेतन, प्राणी मात्र की मूक भाषा को भी हृदय की गहराईयों से अनुीाव किया गया हो, आचार्य श्री ने असंख्य असंख्य भावों को मथते हुए मन्थन का नवनीत माटी की हांडी से निकला है जो बहुत से दर्दों का मरहम है।

कुम्भकार पात्र निर्माण के साथ अच्छा चित्रकार भी होता है। वह अपनी कल्पनाशीलता से विभिन्न प्रकार की चित्रकारी करता है। चित्र उसकी कुशलता का परिणाम है। शाब्दिक मानवी भाषा से परे रंगों की भाषा, मनुष्य की समग्र दुनिया को उसके दुःख सुख को उसकी सारी जटिलताओं के साथ प्रस्तुत करती है, मनुष्य के दुःख-सुख के उसके संघर्ष और समाज तथा वस्तु जगत के परिवर्तन रंगों में रूपामारों में, आकृतियों में कुछ इस तरह निबद्ध और रूपायित होते हैं कि वस्तु जगत के यथार्थ से भी बड़ा यथार्थ उपस्थित हो जाता है, कला शांति को स्थापित करती है और आपसी समझदारी विकसित करने में मदद देती हैं।

शिल्पकला की महत्ता

भारत शिल्पकारों का देश है। हमारे देश में शिल्प केवल यन्त्र संचालन ही नहीं है, अपितु मन का आह्लाद, भावनाएँ, मस्तिष्क की चेतना और शारीरिक क्रियाओं का संयुक्त प्रस्तुतीकरण भी है। शिल्प के माध्यम से समाज में प्रेम, सद्भावना, शिल्प और शिल्पकार के प्रति अनुराग, मानवता तथा संवेदना का संवर्द्धक है। यहाँ के शिल्प में हमारी सांस्कृतिक बोध अनुप्राणित होता है।

भारत में हस्तनिर्मित वस्तुओं में कलाकार की सहभागिता रहती है। सदियों से विकसित परम्परा वह साधारण मिट्टी से कलश/दीपक बनाने की हो या गाँव के ही किसी कोने में चलता चरखा या करघा।

पुरातात्विक उत्खनन से प्राप्त मृदभाँड़ एवं अन्य कलात्मक धातु की वस्तुएँ स्थापत्य कला की सामग्री, कला और हस्तशिल्प के परिचायक हैं। हस्त शिल्प और कला की परम्परा की कड़ी अविच्छिन्न ही रही परम्परागत कला के रूप में प्रसिद्ध हस्तकला ही ऐसा क्षेत्र है, जहाँ कलाकार अपने चिन्तन, मनोभाव और कल्पनाशीलता को अभिव्यक्ति प्रदान करता है। हस्तकला को भारत की संस्कृति से पृथक नहीं किया जा सकता है।

T.H. Holland ने कहा था–जिस समय पश्चिमी यूरोप में जो आधुनिक औद्योगिक व्यवस्था का जन्म स्थान है असभ्य जातियाँ निवास करती थीं उस समय भारत अपने नक्काशी के वैभव एवं अपने शिल्पकारों की उच्च कलापूर्ण निपुणता के लिए विख्यात था यही नहीं काफी समय के बाद भी जब पश्चिम से साहसी व्यापारी भारत में पहली बार आये तब भी देश का औद्योगिक विकास किसी भी रूप में यूरोपीय राष्ट्रों की तुलना में घटिया नहीं था।

(रिपोर्ट आफ दि इंडियन इंडस्ट्रियल कमीशन) 1916–18 पृ. 1

अकबर के शासन...काल में भारत से सूती एवं रेशमी वस्त्रों को फारस तथा अरब देशों में निर्यात किया जाता था।

(भारतीय उद्योग, व्यापार एवं परिवहन डॉ. वी.के.एल. श्रीवास्तव पृ. 12)

जब नीलघाटी में पिरामिड देखने को भी नहीं मिलते थे जब आधुनिक सभ्यता के केन्द्र इटली और यूनान जंगली अवस्था में थे तो उस समय भारत वैभव और सम्पत्ति का केन्द्र था।

(एडवर्ड थॉर्नस–हिस्ट्री ऑफ ब्रिटिश एम्पायर इन इंडिया–पृ. 503
उद्धृत-भारत का अधिक विकास श्रीधर पाण्डेय इंग्लैंड प्रा.लि.–पृ. 580)

कुम्भकार शब्द की व्याख्या

संस्कृत भाषा मिट्टी में घट को कुम्भ कहा जाता है जिसमें पानी का संचयन किया जाता था यद्यपि 'कु' शब्द का अर्थ मिट्टी। सम्पूर्ण भारत में मिट्टी पात्र सृजन कार्य करने वाले के नाम भी उत्पत्ति 'कु' शब्द से होती है जैसे कुम्भकार, कुम्हार, कुमार तथा कुम्भा आदि (सरस्वती, 1976 : 46) द्रविड भाषा में भी मिट्टी के बर्तन बनाने वाले लोगों की उत्पत्ति 'कु' शब्द से हुई है जैन तेलुगू में कुम्भरा या कुमुलू तमिल में कुसावन या कुलालन, कानारे से मैं कुम्हारा या कोवारा तथा मलयालम में कुसावन व कुयरून आदि नाम से सम्बोधित किया जाता है। कुछ स्थान पर कुम्भकार को प्रजापति भी कहते हैं जिसका अर्थ है ब्रह्माण्ड का स्वामी यानी स्वयं ब्रह्म (जैन : अग्रवाल 1989 : 175)।

शब्द कल्पद्रुम के अनुसार कुलाल की परिभाषा "कुलं घटादिनिर्माणपयोगी मृदादि उपादानं आलाति सम्यक् आदन्ते, इति कुलाल (राष्ट्रीय संस्कृत संस्थान नयी दिल्ली–2006 : 154)"

शब्द कल्पद्रुम में कुलाल के पर्यायवाची भी दिए गए हैं—कुम्भकार, कुलाल, घटिकार, घटमार, घटिन्घन, भृत्कार, चक्रजीवन, चक्री का उल्लेख है मेदिनी कोष (148/2482) में के अनुसार कुंभकारी, कुलाला स्यात् कुंभकार : कुलालके। हेमचन्द्राचार्य कृत अभिधान चिन्तामणि में घड़ा बनाये जाने वाले घर को कुम्भशाला एवं पाककुटी कहा गया है। शास्त्री (1964 : 246) मिलिन्दपन्पालि में घटीकार एवं कुम्भकार का उल्लेख है। कुम्भकार की पत्नी को कुलाली या कुम्भकारिका कहा जाता था। (शर्मा 1998 : 257)

कुम्भकार-कुम्भ का अर्थ कलश, घड़ा, कार शब्द का अर्थ-निर्माण करने वाला या कारीगर है। आर्य शब्द का अर्थ श्रेष्ठ, यज्ञकती उक्त तीनों शब्दों को जोड़कर कुंभ कार्य बना। इस प्रकार कुम्भकारआर्य मूल शब्द को कुम्भकार्य कहा गया इसके उपरान्त कुम्भार्य शब्द का अपभ्रंश होकर कुम्हार्य शब्द हुआ और अन्त में कुम्हार्य शब्द अपभ्रंश होकर कुम्हार शब्द प्रचलन में आ गया। इसी कुम्हार को दुनिया का सबसे पहला व प्राचीनतम शिल्पकार माना गया। आचार्य श्री भी कहते हैं—

युग के आदि में
इसका नामकरण हुआ है
कुम्भकार
'कु' यानी धरती

और
'भ' यानी भाग्य
यहाँ पर जो
भाग्यवान भाग्यविधाता हो
कुम्भकार कहलाता है। पृ. 28

गुरुदेव एक शिल्पकार से यही अपेक्षा करते हैं कि वह मिलावट, चोरी, धोखाधड़ी नहीं करता-निष्ठा समर्पण ईमानदारी से कार्य करता है–

सरकार उससे कर नहीं मांगती
क्योंकि
इस शिल्प के कारण/चोरी के दोष से
वह सदा मुक्त रहता है। पृ. 27

अत्यन्त संयमी मितव्ययी होना ही शिल्पी की पहचान है। शिल्प शिल्पी को अर्थ के बिना भी अर्थवान बना देता है शिल्पी ने अपनी संस्कृति को कभी कलंकित नहीं किया।

अर्थ का अपव्यय करना तो
बहुत दूर
अर्थ का व्यय भी
यह शिल्पी नहीं करता।
बिना अर्थ
शिल्पी को यह
अर्थवान बना देता है। पृ. 27
अविकल्पी यह
दृढ़ संकल्पी मानव
अर्थहीन जल्पन
अत्यल्प भी जिसे
रुचता नहीं कभी पृ. 27

अरे सुनो
कुम्भकार का स्वभाव-शील
तुम्हें कैसे ज्ञात है

जो अपार अपरम्पार
क्षमा सागर के उस पार को
पा चुका है
क्षमा की मूर्ति
क्षमा का अवतार है। पृ. 105

कुम्भकार माटी को नवजीवन देता है–
जीवन-शिल्पी प्रभात में कुम्भकार आयेगा

उसी के तत्त्वावधान में
तुम्हारा अग्रिम जीवन चमकेगा
स्वर्णिम बन दमकेगा
उसके आश्रम में
उसकी सेवा-शिल्प कला पर
अविचल-चितवन
दृष्टिपात करना है तुम्हें पृ. 17

कला-कुशल-वह एक शिल्पी है
उसका शिल्प
कण कण के रूप में
बिखर माटी को
नाना रूप प्रदान करता है। पृ. 27

शिल्पी का कार्यस्थल योगशाला है प्रयोगशाला है–मूकमाटी इस स्थल की महत्ता रेखांकित करती है–

यह
उपाश्रय का परिसर है
यहाँ पर कसकर
परिश्रम किया जाता है
निशिवासर
यहाँ पर
योगशाला है
प्रयोगशाला भी जोरदार

जहाँ पर
शिल्पी से मिलता है
शिक्षण-प्रशिक्षण
क्षण प्रतिक्षण। पृ. 42

यहाँ पर जीवन का निर्वाह नहीं निर्माण होता है। शिल्पी संवेदनशील भी होता है। मिट्टी को सान्तवना देता हुआ कहता है–धैर्य रखा हर पीड़ा का अन्त होता है–

पीड़ा की अति ही
पीड़ा की इति है
और
पीड़ा की इति ही
सुख का अथ। पृ. 33

विपरीत परिस्थिति में भी वह क्रोधित नहीं होता साम्य भाव रखता है–

इस पर भी शिल्पी का भाव
ताव नहीं पकड़ता
जरा-सा भी
धरा-सा ही
सहज साम्य भाव
प्रस्तुत होता है उससे। पृ. 47

वाणीमात्र के प्रति वह सृजनशील होता है। मछली को वह वात्सल्य और सावधानी से कूप में पहुँचाता है।

बालटी में शुद्ध जल डाल कर
कूप में सुरक्षित पहुँचाता है
शिल्पी पूर्ण सावधान होकर पृ. 88

कुम्भकार की संगति जीवन को सृजनशील बना देती है–

कुम्भकार का संसर्ग किया
सो
सृजनशील जीवन का
आदिम संसर्ग हुआ। पृ. 482

आचार्य श्री शिल्प व शिल्पी का संस्कृति संरक्षक एवं युग के प्रारम्भ से ही इसका अस्तित्व मानते हैं।

युग के आदि से आज तक
इसने अपनी संस्कृति को
विकृत नहीं बनाया
बिना दाग है यह शिल्प। पृ. 27

शिल्पी उद्यमी होता है दुर्गुणों व दुर्भावनाओं से दूर इसलिए कलयुग में भी सतयुग प्रतीत होता है–

आचार्य श्री लघु उद्योगों एवं श्रम प्रधान संस्कृति के समर्थक हैं–

श्रमशीलों का हाथ उठाना ही
कलियुग में सतयुग ला सकता है
धरती पर यहीं पर स्वर्ग उतार सकता है
वह एक कुशल शिल्पी है
उसका शिल्प
कण कण के रूप में
बिखर माटी को
नाना रूप प्रदान करता है पृ. 362

शिल्पकार कर मुक्त होता है, वह न धन का अपव्यय करता है न टैक्स की चोरी, वह मितव्ययी होता है, साधारण जीवन जीता है–

सरकार उससे
कर नहीं मांगती
क्योंकि इस शिल्प के कारण
चोरी के दोष से वह
सदा मुक्त रहता है

अर्थ का अपव्यय करना तो
बहुत दूर
अर्थ का व्यय भी
यह शिल्प करता नहीं

बिना अर्थ
शिल्पी को यह
अर्थवान बना देता है
कुम्भकार स्वभावशील
तुम्हें कहाँ ज्ञात है?
जो अपार अपरम्पार
क्षमा-सागर के उस पार को
पा चुका है
क्षमा की मूर्ति
क्षमा का अवतार है।

हथकरघा

भारत में सूतीवस्त्र उद्योग प्राचीन उद्योगों में से एक है। वर्तमान में पूज्य आचार्य श्री के मंगल आशीर्वाद से हथकरघा उद्योग को पुनर्ज़ीवन मिला है। खादी भारत की स्वतन्त्रता आन्दोलन की शक्ति बनी थी आज इसी खादी उद्योग के माध्यम से वर्तमान में आत्मनिर्भर एवं विकासित भारत के प्रण को पूरा करने के उद्देश्य से मध्यप्रदेश उत्तर प्रदेश, राजस्थान, महाराष्ट्र आदि अनेक प्रदेशों में उच्चशिक्षित युवक युवतियाँ हथकरघा को प्रचारित, प्रसारित व विकसित कर रहे हैं।

'चरखा' और करघा आन्दोलन और विचार के प्रभावी प्रतीक के रूप में विकसित हुए–ये केवल आजादी के ही प्रतीक नहीं बने अपितु भारतीय समाज के लिए आर्थिक व्यवस्था की संकल्पना के भी प्रतीक समझे गये। आचार्य श्री ने भारत में कुआीर उद्योगों और उनके मारी गयी की कला की ख्याति प्रायः हर युग में बनी रही है विश्व में भारत के बुनकर विख्यात रहे यहां के बने वस्त्र के प्रशसंक राजघराने रहे। अंग्रेजी के आगमन और मशीनीकरण से यह उद्योग संमरग्रस्त हुआ, आचार्य री गम्भीरता से देश की सांस्कृति आर्थिक विकास के परिचालक हथरकघे की ओर जन जन का ध्यान आकर्षित मिला फलतः शासकीय स्तर पर भी इसकी उपयोगिता गुणवत्ता भी जाना समझा गया। हथकरघा केन्द्र प्रारंभ हुए। देश के सुशिक्षित युवक-युवतियों ने स्वयं हथकरघा प्रशिक्षण लिया और अनेक स्थानों पर प्रशिक्षण केन्द्र खोले। भारत का औद्योगिक जीवन प्राचीनकाल से ही विकसित था अन्तर इतना है कि भारत में अर्थ साधनों की शुचिता को प्राथमिकता ही गयी है, वाणिज्य व्यापार में अहिंसा, सत्य न्याय की प्रतिष्ठा की गयी शिल्प के विषय में बहुत स्पष्ट शास्त्रों में लिखा है–

शिल्पं लोक प्रशंसन्ति शिल्पं लोके अनुत्तरी।
सुशिक्षितेन वीणायां धलस्कन्धो में अहतो।।

(महावस्तु अवदान जि. 3/35//2–13)

लोके में शिल्प की प्रशांसा होती है और उससे परमगति तथा अमित धन की प्राप्ति होती है।

आज भारत में खादी ग्रामोद्योग और हथकरघा की प्रदर्शनी लोकप्रिय हो रही है। इसके तहत फैशन शो का आयोजन हो रहा है–आचार्य श्री की दूरदृष्टि का सुपरिणाम है कि अनेक कुशल कारीगरों को बेरोजगार भी मिला तथा महिलाओं को भी घर बैठ कार्य मिला। अनेक बेरोजगार युवक युवतियां ने सरकारी ऋणनीतियों का लाभ लेते हुए अपने व्यापार और कार्य के स्तर को वृद्धिगत किया और कर रहे हैं।

आचार्य श्री ने स्पष्ट लिखा है सूती वस्त किसी से कम नहीं है ये शरीर को ढांपते ही नहीं है अपितु सूती वस्त्र हमारी अहिंसा संस्कृति परिचायक है एक सूती चादर शीत से भी छुटकारा दिला सकती है–चिकित्सक कहते है सूती वस्त्र पहनने से त्वचा रोग नहीं होते, एलर्जी नहीं होती साथ ही गर्मी में शीतलता और सर्दी में उष्णता देते हैं। मूकमाटी सूती वस्त्रों की पक्षधर है–

एक पतली सी
सूती चादर भर
उसके अंग पर है
और वह पर्याप्त है
शीत का विकल्प समाप्त है। पृ. 92

पानी को छानने में भी सूती वस्त्र ही प्रयोग किया जाता है। श्रावक की पहली क्रिया जल छानकर ही पीना है। उसके लिए छन्ना सूती ही होना चाहिए। मूकमाटी में भी यही निर्देश है–

वस्त्र बन्धा है
साफ सुथरा खादी का दोहरा किया हुआ
और उसी ओर हाथ बढ़ाता है कुम्भकार
बाल्टी ले हाथ में
बड़ी सावधानी से
धार बाँधकर छानता है वह। पृ. 80

भारत में हथकरघा उद्योग सबसे बड़ा कपड़ा उद्योग क्षेत्र रहा है, भारत के कुल वस्त्र उत्पादन का लगभग 30 प्रतिशत कपड़ा इन्हीं हथकरघा उद्योगों द्वारा तैयार किया जाता है।

हथकरघा उद्योग ने न केवल भारतीय बुनकरों को रोजगार व प्रतिष्ठा दिलाई अपितु महिला सशक्तीकरण में बड़ी भूमिका निभाई है। 2020 में की गयी चौथी अखिल भारतीय हथकरघा जनगणना के अनुसार 35.22 लाख नागरिक इस उद्यम से जुड़े हैं, जिसमें नौ लाख पुरुष व 25 लाख महिलाएं हैं।

आचार्य श्री भी देश की सशक्ता व विकास का आधार हथकरघा को ही मानते हैं आज आपकी प्रेरणा से अनेक स्थानों पर हथकरघा केन्द्र स्थापित हो चुके अनेक कारागारों में भी हथकरघा लगे हैं जहां बन्दी वस्त्र तैयार कर रहे हैं। गुरुदेव मूकमाटी में भी अहिंसक जीवन शैली के प्रतिपादक सूती वस्त्रों को महत्त्व देते हैं–

शिल्पी का साफ सुथरा साफा
जो खादी का ही है। पृ. 143

कंबल का संबल
आवश्यक नहीं हमें
सस्ती सूती चादर का ही
आदर करते हैं हम। पृ. 92

एक सूती सी चादर भर है
उसके संग पर हैं
और वह उसे पर्याप्त है। पृ. 92

प्रतिभास्थली के परिसर में हथकरघा व शिल्पकला को अग्रसाहित करने के लिए मरूदेवी हस्तशिल्प न्यास द्वारा संचालित महिला प्रशिक्षण केन्द्र को आचार्य श्री जी का आशीर्वाद प्रदान किया जहां हस्तनिर्मित वस्त्रों निर्मित किए जाते हैं–

केन्द्र द्वारा प्रशिक्षण केन्द्र संचालित हैं–

1. चल चरखा, जबलपुर
2. चल चरखा डोंगरगढ़
3. पिंडरूखी
4. खरगापुर
5. पपौरा जी
6. रामटेक
7. इन्दौर आदि।

अन्य अनेक स्थानों पर हथकरघा विक्रय केन्द्र खुले हैं। कारागृहों में बन्दी हथकरघा चला रहे हैं। सागर और दिल्ली कारागृह में हथकरघा प्रशिक्षण भी प्रदान किया गया था। बन्दी उच्च गुणवत्ता के वस्त्र तैयार करते हैं।

पर्वतारोहण

पर्वतारोहण भी एक रोमांचक साहसिक कार्य है। साहस दृढ़ता और धीरज की शक्तियों का परीक्षण है। पर्वतारोहण, पहाड़ की चढ़ाई विशेष ज्ञान, कौशल और उपकरणों से ही संभव है, पर्वतारोहण एक चुनौती है–शिखर तक पहुँचने की संतुष्टि और सच्चे एडवेंचर का अनुभव। गुरुदेव स्पष्ट कह रहे हैं–शिखर पर चढ़ना बिना चरण प्रयोग के असंभव है।

पहाड़ जड़ नहीं चेतन हैं, ये हमें शौर्य परीक्षण के लिए आमन्त्रित करते हैं। पहाड़ कठोरता जटिलता विषमता के पर्याय हैं–

मूकमाटी कहती है–

किसी ने ठीक ही कहा है–
गिरना, उठना
संभल कर चलना
टेढ़े-मेढ़े से रास्ते पहाड़ों के
सिखाते हैं आगे बढ़ना।
पर्वत की तलहटी से भी
हम देखते हैं कि
उत्तुंग शिखर का
दर्शन होता है
परन्तु
चरणों का प्रयोग किए बिना
शिखर का संस्पर्शन
संभव नहीं है। पृ. 10

पहाड़ों पर बर्फ़ीले तूफान और हिमस्खलन का खतरा बना रहता है। पर्वत की शृंखलाएँ और घुमावदार चक्करदार रास्तों पर चलने के लिए अनुभव, शारीरिक

क्षमता, तकनीकी ज्ञान, विशेष ज्ञान और कौशल की आवश्यकता होती है। कवि छायावादी कवियों की तरह पर्वत स्खलन के प्रति सावधन करते हैं।

पर्वतों के पद लड़खड़ाये और पर्वतों की पगंडियां धरा पर गिर पड़ी (पृ. 438)।

आचार्य जी कहते हैं दृढ़ता, दृढ़निश्चय, और आगे बढ़ने की चाह, अदम्य इच्छा शक्ति ही रखने वाला ही शिखर पर चढ़ सकता है; केवल तलहटी देखने से ही शिखर का संस्पर्शन हो सकता है।

पहाड़ कठोरता का पर्याय नहीं
ऊँचाई साहस व पराक्रम का प्रतीक है।
चक्करदार पथ ही, आखिर
गगन चूमता
अगम्य पर्वत शिखर पर
पथिक को पहुँचाता है
बाधा-बिन-बेशक। पृ. 162

गुरुदेव का पर्वतारोहण के माध्यम से प्रदत्त प्रेरणा मन्त्र अद्भुत है। हमें अपनी शक्ति व क्षमता पर विश्वास रखना है। आत्मविश्वास और अभ्यास से पथिक निर्बाध लक्ष्य प्राप्त कर लेता है। पर्वतारोहण द्वारा आत्मिक, शारीरिक, मानसिक दृढ़ता व कला विकास का सूत्र हमें मूकमाटी में मिलता है। गुरुदेव कहते हैं–सफलता चरण पखारने को तत्पर रहती है। अतः उद्यमशील बनना चाहिए–

पथिक की
अहिंसक पगतली से
सम्प्रेषण प्रवाहित होता है
विद्युतसम युगपत्
और वह
स्वयं सफलता श्री
पथ की इति पर
उठ खड़ी होती है
सादर सविनय
पथिक की प्रतीक्षा में
जो निराशता का पान कर

सोती हुई समय काट रही थी
युगों-युगों से– पृ. 22
हार की बात मत करो
उत्कर्ष करते जाओ।

किसी ने ठीक ही कहा है–

पहाड़ की जिन्दगी
पहाड़ की तरह ही पहाड़ लगती है
मगर पहाड़ जीने के लिए
पहाड़ चढ़ना पड़ता है।

सचमुच पहाड़ का सौन्दर्य सबको आकर्षित करता है। पहाड़ प्रकृति के निःशुल्क उपहार है, अनमोल संरचना है। विपरीत परिस्थितियों में भी शान्त और अडिग रहने का संदेश देते हैं–मूकमाटी इससे अनभिज्ञ नहीं है। पर्वत पर चढ़ने का सूत्र भी मूकमाटी में हैं–

कोई आवश्यक नहीं आरोहण में अनुकूलता ही रहे। स्थिति प्रतिकूल भी हो सकती है, हमें स्थिरचित रहना चाहिए–

ऐसा भी घटियाँ आ सकती है कि
थोड़ी सी प्रतिकूलता में
जिसकी समता वह आकाश को चूमती थी
उसे भी, विषमता की नागिन सूँघ सकती है,
और वह सही गुमराह हो सकता है। पृ. 11–12

परिधि की ओर देखने से
चेतन का पतन होता है
और परम केन्द्र की ओर देखने से
चेतन का जतन होता है।

पथ पर चलता है
सत्पथिक वह
मुड़कर नहीं देखता
तन से भी, मन से भी पृ.–3

पूर्ण सफलता आये भी मिलेगी
फिर भी, अभी तुम्हारी यात्रा
आदिम-घाटी को हर पार कर रही है
घाटियों की परिपाटी प्रतीक्षित है अभी।। पृ. 267

गुरुदेव यात्रा के प्रारम्भ व अन्त की स्थित में कहते हैं–

पथ के अथ पर
पहला पद पड़ता है
इस पथिक का
और पथ की इति पर
स्पन्दन-सा कुछ घटता है
हलचल मचती है वहाँ। पृ. 22

लेखन कला

पूज्य आचार्य श्री ने लेखनी की क्षमता और महत्ता को रूपयित करती हुई सुव्यवस्थित तर्कनिष्ठा एवं आनुभविक दीप्ति से आन्तरिक स्तर पर सृजनधर्मी संवेदन कल्पना के साथ चिन्तन की प्राणधारा प्रवाहित की है। उन्होंने लेखनी के युग धर्म को गहराई तक समझा है—

क्या करूँ
जो कुछ घट रहा है
लिखती हूँ ... उसे
उसका रस चखती हूँ
फिर बिलखती हूँ
लिखती हूँ
लेखनी जो रही। पृ. 152

लेखनी विश्वभर की समस्याओं और प्रश्नों से जूझती है।

बिलखती इस लेखनी को
विश्व लखता तो हैं
इसे भरसक परखता भी है
ईश्वर पर विश्वास भी करता है। पृ. 151

प्राचीन काल में लेखन हेतु प्रयुक्त सामग्री में कलम का महत्त्वपूर्ण स्थान रहा है। इसे लेखनी भी कहा गया है। प्रसिद्ध पुरातत्त्वविद् जी. व्यूहर अपनी पुस्तक 'भारतीय लिपि शास्त्र' में लिखते हैं—हस्तयुत लेखन के लिए प्रयुक्त होने वाले सामान्य उपकरण का नाम लेखनी था। इसका प्रयोग शलाका, तुलिका, वर्णवर्तिका, वर्णिका आदि सभी के लिए होता है। दक्षिण भारत में ताड़पत्रों पर अक्षर लेखन के लिए लोहे से बनी लेखनी का प्रयोग होता था। उसे संस्कृत में

शलाका कहते हैं। विद्यार्थी प्राचीन काल में लकड़ी के पाटों पर जिस गोल तीक्ष्ण कलम से लिखते थे, उसे वर्णक या वर्णिका कहा जाता है। रंगीन कलमों को वर्णवर्तिका तथा कूची को तूलिका कहा जाता था।

लेखनी ही ज्ञान को सक्रिय बनाती है बोलना पढ़ना और लिखना तीनों से ही व्यक्ति में ज्ञान की पूर्णता आती है। लेखनी अज्ञानता के जड़ पर्तों को तोड़ती है। लेखन में ही ज्ञान अधिक विस्तारित होता है। संप्रेषणीयता बढ़ती है—

संप्रेषण वह खाद है
जिससे कि सद्भावों की पौध
पुष्ट सपुष्टि होता है
उल्लास पाता है
संप्रेषण वह खाद है
जिससे कि
तत्त्वों का बोध
तुष्ट सन्तुष्ट होता है
प्रकाश पाता है। पृ. 33

लेखनी तर्कशीला होती है और विवेकी भी वह अपनी नीर क्षीर स्याही से सत्य लिखती है—

लेखनी सुनाती है, कि
बोध का फूल जब
ढलता बदलता, जिसमें
वह पक्व फल ही तो
शोध कहलाता है
बोध में अकुलता पलती है
शोध में निराकुलता फलती है
फूल से नहीं, फल से
तृप्ति का अनुभव होता है। पृ. 107

लेखनी सुनाती है—

शोध का ही परिणाम है लेखन : यह शताब्दियों तक मौखिक रूप से संप्रेषित किया जाता रहा। प्राचीन लिखित साहित्य हमें ताड़पत्र, भोजपत्रों पर लिखा मिला, तालपत्रों, स्वर्ग पत्रों, रजतपत्रों ताम्रपत्रों पर भी प्राप्त हुआ है—

लेखन कला एक ऐसी वैश्विक भाषा है जिसमें संप्रेषणयता एवं तेजस्विता है। इसकी अपनी विशेषता है उसे विश्व के प्रत्येक व्यक्ति तक संप्रेषित करना है लेखन कला ने शांति सौहार्द के क्षितिज का विराट आयाम दिया है। विश्व के इस ध्रुवीकरण के युग में यह कला ही सद्भाव और सौहार्द को पुष्ट व विकसित करती है।

लेखन में संप्रेषणीयता का ही महत्त्व है–

कुशल लेखक को भी
जो नई निब वाली
लेखनी ले लिखता है
लेखनी के आदि में
खुरदरापन अनुभूत होता है। पृ. 24

लेखनी सजग व कर्तव्य परायण होनी है–वह समाज को अपने दृष्टि पथ पर रखती है–

लेखनी कहती है–
जो कुछ घट रहा है
लिखती हूँ उसे
उसका रस चखती हूँ
फिर बिलखती हूँ ... लिखती हूँ। पृ. 152

प्रकृत को ही और स्पष्ट
प्रकाशित करती सी यह लेखनी भी
उद्यम शीला होती है कि
बोध के सिंचन के बिना
शोध के पौधे भी
कभी लहलहाते नहीं। पृ. 106

लेखन कला संवाद एवं विचार विमर्श का आमन्त्रण देती है जो लिखा जा रहा है वह पृष्ठों के भीतर सुशोभित है वह आख्यान की सीमाओं के साथ क्रीड़ा कर भावनाओं, संवेदनाओं और अनुभवों को जाग्रत करता है। पृ. 106

लेखनी को प्रश्न करने का अधिकार है जब वह पत्रकार के हाथों में होती है तब समाज की समस्याओं पर अंगुली रखती है।

शोध क्या है? इसे भी लेखनी स्पष्ट करती है—

कि बोध का फूल जब ढलता बदलता,
जिसमें वह पक्व फल ही तो शोध कहलाता है।
बोध में आकुलता पलती है शोध में निराकुलता फलती है। पृ. 107

भाषों और विचारों के मधु पराग से ही लेखन में विशिष्ट मोहकता आती है। भावों की कमनीय क्यारियों में ही लेखनी विचारों के बीज वपन करती है—

लिखते लिखते
निब की घिसाई होती जाती
लेखन में पूर्व की अपेक्षा
सफाई आती-जाती
फिर तो लेखनी
विचारों की अनुचरा होती
होती
विचारों की सहचरा होती है
अन्त अन्त में तो
जल में तैरती सी
संवेदन करती है लेखनी
इसे यूँ कहें हम
यह सहज रीत ही है। पृ. 24

वस्तुतः लेखन कला अभ्यास से ही आती है। उसका खुरदुरापन और विचारों की स्निग्ध अनुचरा बनने की एक लम्बी यात्रा होती है। किसी चित्रकार पेंटर, टंकणकर्ता को हम लेखक नहीं कह सकते। लेखन कुशलता के लिए भाषा विशेष और उसकी लिपि व्यवस्था की पूर्ण जानकारी आवश्यक हैं।

लेखनी अति संवेदनशील होती है। एक संत की लेखनी में तो प्राणीमात्र के प्रति अनुकम्पा होती है इसलिए वह करुणार्द्र हो कहती है—

कभी किसी दशा पर
इसकी (लेखनी की) आँखों में
करुणाई छलक जाती है
और

कभी किसी दृश्य पर
इसकी आँखों में
करुणाई झलक आती है
क्या करूँ? विश्व की विचित्रता पर
रोऊँ...क्या...हँसू? पृ. 151

लेखनी ही युग की नब्ज टटोलती है–

यहाँ पर इस युग को
यह लेखनी पूछती है कि
क्या इस समय मानवता
पूर्णतः मरी है?
क्या यहाँ दानवता आ उभरी है?
लग रहा है कि
मानवता से दानवता कहीं चली गई है? पृ. 81

लेखक अपने वातावरण के अनुसार ही भावभिव्यक्ति करता है यही अभिव्यक्ति उसकी कृति का रूप है और उसका यह प्रयास ही श्रेष्ठ कृति का रूप धारण करता है जो लेखक की एक पहचान बनता है हमारे यहाँ लेखन की भाषा ही अर्न्तराष्ट्रीय है उसका अपना ओरिएंटल स्वभाव है। मानव जाति के इतिहास में प्राचीन लेखन-सामग्री ने महत्त्वपूर्ण भूमिका अदा की है। इससे न केवल मानव संस्कृति व इतिहास को सुरक्षित रखने में योगदान दिया है, अपितु लिपि, भाषा और मनुष्य की चिन्तन धारा को भी काफी गहराई से प्रभावित किया है। श्रुत सम्पदा में संरक्षण में तत्कालीन लेखन सामग्री का महत्त्वपूर्ण स्थान रहा है। इसलिए मूकमाटीकार की भी भावना है–

इस लेखनी की भी यही भावना है
कृति रहे
संस्कृति रहे
आगामी समीम काल तक
जीवित...जाग्रत...अजित!!

संगीत-कला

संगीत प्रकृति का अमूल्य उपहार है। भारत सदैव संगीत का उपासक रहा है। संगीत हमारे समाज की संस्कृति मानी जाती है। संगीत मानव समाज की कलात्मक उपलब्धियों तथा सांगेतिक तथा सांस्कृतिक परम्पराओं का प्रतीक है। संगीत हमारे जीवन का अभिन्न अंग है। प्राचीन काल से भारतीय संस्कृति में संगीत ईश्वर प्राप्ति का प्रमुख साधन माना गया है, क्योंकि संगीत द्वारा अलौकिक आनन्द की प्राप्ति होती है। पहले शास्त्रों का पाठ गाकर किया जाता है। साहित्य व संगीत के बिना मनुष्य एक गहन शून्यता अनुभव करता है।

संगीत वह ललित कला है जिसमें संगीतज्ञ अपने भावों एवं कल्पनाओं को स्वर, लय और ताल के माध्यम से अभिव्यक्त करता है। सम्पूर्ण कला विधाओं में संगीत ही एक ऐसी कला है जो पूरे विश्व को प्रभावित करती है। सृष्टि के स्वर्णिम विहान से लेकर प्रलय काली संध्या तक संगीत का अस्तित्व स्वीकार करना ही पड़ता है। इस कला को मनुष्यों ही नहीं देवताओं ने भी अपनाया है। संगीत की उपासक देवी सरस्वती का वीणा वादन, श्रीकृष्ण की बंशी, शंकर जी का ताण्डव, इसमें प्रमुख उदाहरण हैं। संगीत अजेय, चिरन्तन है।

संगीत संगीतातीत भी बना देता है। संगीत और प्रकृति का अन्तर्सम्बन्ध ही है, प्रकृति में विद्यमान झरनों की झर झर में, नदियों की कल-कल में, सागर के गर्जन में एवं पक्षियों के कलरव में सुरों का जो साम्राज्य है मानव ने उसे पहचाना, मनन किया, कण्ठ में बसाकर गीत बनाया और उत्पन्न की संगीत की स्वर लहरी। प्रकृति भी उस लहरी पर नृत्य कर उठी, वंशी की मधुरिम धुन पर मयूर नाच उठा, बीन सुन नाग सुध-बुध खो बैठे, मल्हार पर मेघ उमड़े। नित-नूतन कल्पना के आधार पर संगीत सब कलाओं में उत्तम मानी जाती है।

गुरुदेव कहते हैं–

संगीत मैं उसे मानता हूँ
जो संगातीत होता है–
मेरा संगी संगीत है
सप्त भंगी रीत है– पृ. 146
स्वर का एक अकाट्य सत्य
सा...रे...गा...ध...प...धि न
जो भी स्वर हों
शुभ या अशुभ
कभी कहते नहीं
हमें सुन लो तुम– पृ. 380

संगीत का सुख की रीढ़ कहकर
स्वयं की प्रशंसा मत करो
सही संगीत की हिंसा मत करो...
संगीत मैं उसे मानता हूँ
जो संगातीत होता है।

गुरुदेव स्वरों की उपादेयता, सार्थकता एवं अनिवार्यता के संकेत देते हैं–

स्वर संगीत का प्राण है
संगीत सुख की रीढ़ है
और
सुख पाना ही सबका ध्येय
इस विषय में सन्देह को गेह कहाँ ?
निःसन्देह कह सकते हैं–
विदेह बनना हो तो
स्वर की देह को स्वीकार्यता देनी होगी। पृ. 143

संगीत सभी ललित कलाओं में प्राचीन है। साधारण भाषा में गायन, वादन और नृत्य इन तीनों के समावेश को संगीत कहते हैं। ये तीनों ही कलाएँ स्वतन्त्र होते हुए भी एक दूसरे पर किसी न किसी रूप में आश्रित हैं–लौकिक व अलौकिक,

भौतिक या आध्यात्मिक आनंद प्राप्त करने की जितनी शक्ति संगीत में है उतनी अन्य कलाओं में नहीं–संगीत संस्कार निर्माता मंत्र से कम नहीं होता। नीरस रेगिस्तान में भी सरस सुरभित संगीत के फूल खिलते हैं। लोक संगीत एक ऐसा बोलता हुआ दर्पण है जो हमें हमारी शक्ति का भी दिग्दर्शन करा देता है। आचार्य श्री कहते हैं–"संगीत सुख की रीढ़ है।"

स्वर ईश्वर प्रदत्त उपहार है। मूकमाटी में इसका प्रभावी विस्तृत वर्णन–

स्वर को भास्वर ईश्वर की उपमा मिली है
ईश्वर ने भी स्वर को अपनाया
स्वर संगीत का प्राण है।
स्मरण किया स्वर का
कब से चल रहा है
संगीत गीत यह
कितना
काल अतीत में
व्यतीत हुआ पता हो-बता दो। पृ. 142

संगीत में मन को एकाग्र करने की शक्ति है। ऋषि मुनियों ने भी इस कला का प्रयोग किया।) वर्तमान में संगीत एक ऐसा सशक्त माध्यम है जो व्यक्ति को शारीरिक मानसिक रोगों व व्याधियों से मुक्ति प्रदान करता है। संगीत न केवल स्वर, ताल और लय की साधना है अपितु एक यौगिक क्रिया है। इससे शरीर मन और प्राण तीनों में शुद्धता और चैतन्यता आती है।

भारत के नाट्य शास्त्र के अनुसार गीत की उत्पत्ति जहाँ सामवेद से हुई वहीं यजुर्वेद ने नृत्य प्रारम्भ किया। साहित्य, संगीत एवं कला मनुष्य की संवेदना को उर्जस्वित रखने वाले तत्त्व है। साहित्य और संगीत मनुष्य के एकाकीपन के सहभागी है। वे कभी उसको एकाकी अनुभव नहीं होने देते। सत्य को जानने की ललक कभी साहित्य की लौं को बुझने नहीं देती और अन्तरंग का सत्य संगीत कभी दीपक का घृत अल्प होने नहीं देता। संगीत अवनिश्वर सुख का साधन है।

आचार्य श्री कहते हैं–

तन का खेद टलकर
चूर होता है पल में
मन का भेद धुलकर

दूर होता है पल में
इसका पान करने से
मेरी संगी संगीत है
समरस नारंगी-शीत। पृ. 145

सचमुच जीवन मंगल के लिए धन और साधन से कहीं कम नहीं है संगीत, स्वर की झंकार तनाव की जंगल झाडियां समाप्त करने की शक्ति रखता है। हमारी जेड़े सदियों से ऐसी ही लोकसंगीत में गड़ी हुई हैं।

मूकमाटी ने भी इस तथ्य का सत्य उजागर किया है, स्वर का महिमागान मूकमाटी में मुक्त स्वर से है–

दुःस्वर हो या सुस्वर
सारे स्वर नश्वर हैं–
भले ही अविनश्वर हो
ईश्वर परमेश्वर ये
परन्तु
उसके स्वर तो नश्वर ही है..
श्रवण-सुख सो
स्वर में निहित क्यों न हो
कुछ सीमा तक प्राथमिक दशा में
अविनश्वर सुख का वाह्य साधन स्वर रहा है।
स्वर को भास्वर ईश्वर की उपमा मिली है।
ईश्वर ने भी स्वर को अपनाया।
स्वर के बिना स्वागत
किस विध संभव है
शाश्वत भास्वत सुख का। पृ. 145

वादन-कला

संगीतात्मक ध्वनि तथा गति प्रकट करने वाले उपकरण वाद्य कहलाते हैं। वाद्य संगीत का वर्णन हजारों वर्ष पूर्व ग्रन्थों में मिलता है। वाद्य संगीत के महत्त्वपूर्ण अंग होते हैं। इनका प्रयोग गीतों व नृत्यों की वृद्धि के साथ ही मांगलिक वातावरण निर्माण एवं भावाभिव्यक्ति को प्रभावशाली बनाने के लिए किया जाता है।

गीतं वाद्यं तथा नृत्यं त्रयं संगीत मुच्यते।

(गीत, वाद्य और नृत्य में तीनों मिलकर संगीत कहलाते हैं।) संगीत-रत्नाकर

भारतीय संगीत में वाद्यों का अनन्य स्थान है। इसके द्वारा ही लय और गति का क्रम चलता है। संगीत की लय को सन्तुलित करने में वाद्यों का विशेष योगदान रहता है। इसमें पौराणिक काल से हमें अनेक प्रकार के वाद्यों का उल्लेख मिलता है। वैदिक काल से ही वाद्यों के सम्बन्ध में हमें अनेक प्रामाणिक उल्लेख प्राप्त होते हैं और वाद्यों के विविध रूपों का दर्शन मिलता है, शास्त्रों में तो यहाँ तक कहा गया है कि मानव कण्ठ भी एक प्राकृतिक ईश्वर निर्मित वाद्य है और वाद्यों के अन्य प्रकार मनुष्य द्वारा निर्मित किए गए हैं–यथा

एकं ईश्वरनिर्मितं नैसर्गिक अन्यच्चतुर्विधं।
मनुष्य निर्मितं चेति पंच प्रकाश महावाद्यानाम्।।

भारतीय संगीत के इतिहास में सहस्त्रों पूर्व से ही संगीत वाद्यों का विविध वर्गीकरण प्रस्तुत किया गया है। लोक जीवन में कलाओं को सुरक्षित रखने में वाद्यों का योगदान रहा है। विभिन्न लोकवाद्यों ने जीवन के साधन और भक्ति पक्ष को सदैव बल दिया है। लोक जीवन में जितना महत्त्व लोकगीतों का है उतना ही लोकवाद्य का है। वाद्य संगीत की एक विशेषता यह भी है कि वाद्य विशेष का सम्बन्ध विशेष रूप से प्रायोजक के अनुसार होता है। जैसे मन्दिरों में पूजा

के लिए घण्टा, विजय घण्टा, खड़ताल आदि वाद्य उपयोग किये जाते हैं। विवाह आदि मांगलिक कार्यों के लिए शहराई, ढोल, ताशा आदि उपयोग में लाये जाते हैं।

मूकमाटी में हमें संगीत की महिमा का सम्यक् ज्ञान प्राप्त होता है तथा उन वाद्य यन्त्रों का भी परिचय प्राप्त होता है जो भक्ति गीत में प्रयुक्त होते हैं यथा—कुंभवादन, मृदंग, बांसुरी, ढोल आदि।

मृदंग

मृदंग दक्षिण भारत का एक थाप यंत्र है। मूकमाटी में हमें यह वाद्ययन्त्र भी मिलता है। यह बहुत प्राचीन वाद्य है। इसको पहले मिट्टी का बनाया जाता था। लेकिन जल्दी फूटने और खराब होने के कारण लकड़ी के खोल बनने लगे हैं। हाथ से आघात करके इसको बजाया जाता है। यह तबला परिवार से सम्बन्धित है लोक शैलियों में इसका उपयोग किया जाता है। ध्वनि की विविधता और निस्तता मृंदगम को अन्य टक्कर उपकरणों के मध्य विशेष स्थान देती है। भारत में भक्ति संगीत में मृदंग का प्रयोग होता रहा है। मृदंग को मृदंग खोल, मृदंगम भी कहा जाता है। भारत में लोकसंगीत में अन्य वाद्य यन्त्रों के साथ मृदंग का भी प्रचलन है। ग्रामीण क्षेत्रों में लोग मृदंग बजाकर कीर्तन गीत गाते हैं। कर्नाटक संगीत में तो मृदंग प्राथमिक ताल यंत्र होता है। आचार्य श्री मृदंग की बनावट, सम्पूर्ण संरचना एवं उपयोगिता से भलीभांति परिचित है—आचार्य श्री लिखते हैं कि वाद्य-कला में कुशल व्यक्ति ही मृदंग का सही रखरखाव भी करता है और बजाता भी है—इसमें पूर्णता से साथ लयबद्ध संरचना तैयार करने की अद्वितीय क्षमता है। यह अपनी विशिष्ट गुंजन ध्वनि के लिए प्रसिद्ध है और नृत्य प्रदर्शन के लिए बड़े स्तर पर इसका उपयोग किया जाता है। इसकी शक्तिशाली विशेष रूप से धत्विक मनमनोहर ध्वनि इसे एक सकारात्मक मुखरता प्रदान करती है।

वाद्य-कला-कुशल शिल्पी
मृदंग-मुख पर स्याही लगाता है। पृ. 305

मृदंग कहती हैं—इस स्याही लगाने का कारण है—

शिल्पी ने मेरे अंग अंग पर
स्याही लगा दी है
जो भांति-भांति के बोल खोल देते हैं। पृ. 306

मृंदग के स्वर भी मूकमाटी में इस प्रकार ध्वनित होते हैं–

धा...धिन्-धिन्...धा...
धा...धिन्-धिन्...धा...
वेतन भिन्ना, चेतन भिन्ना
ता-तिन...तिन...ता
ता-तिन...तिन...ता
का तन...चिन्ता, का तन...चिन्ता। पृ. 306

स्वर समायोजन के लिए के उपयोग के लिए इसके ढांचे के बीच में कई पतले पञ्चर लगाये जाते हैं, दायें सिरे पर कई परतों में काला लेप कर दिया जाता है।

बांसुरी

भारतीय शास्त्रीय संगीत में बांसुरी का महत्त्वपूर्ण स्थान है, भारत की बांसुरी की अपनी पृथक पहचान है। भारत में दो प्रकार की बांसुरी का प्रयोग होता है–प्रथम सात स्वर वाली बाँसुरी जिसमें सात छिद्र होते हैं। इसका प्रयोग मुख्यतः उत्तरी भारत के हिन्दुस्तानी शास्त्रीय संगीत में होता है। दूसरी वेणु इसमें 8 छिद्र होते हैं इसका प्रयोग मुख्य रूप से दक्षिण भारत में कर्नाटक संगीत में होता है। श्रीकृष्ण जी तो बांसुरी वादक के रूप में ही प्रसिद्ध हैं–गोपियां और गाएं सब उनकी बांसुरी की धुन पर सम्मोहित थी, वस्तुतः बांसुरी भक्ति संगीत में आकर्षण उत्पन्न कर देती है– इसको बांशी, बाशी, बंशी, बसरी, बंरारी, गुरली, वेणु, फ्ल्यूट कहा जाता है। प्राचीनकाल गें लोक संगीत का प्रमुख वाद्य बांसुरी ही थी। बांसुरी की विशेषता है कि वह विभिन्न प्राकृतिक आवाजों व पक्षियों की आवाज हू-ब-हू निकालने में कुशल है। बाँसुरी बाँस से निर्मित महत्त्वपूर्ण उपकरण है। बाँसुरी बाँस (वंश) आवनूस की लकड़ी, चन्दन, रक्त चन्दन, लोहा, काँसा, चाँदी, हाथी दाँत और स्वर्ण से बनाई जा सकती है।

श्रीकृष्ण ने बाँसुरी को अमर कर दिया उसकी पहचान ही मुरलीधर, वंशीधर, वंशवाला बन गई है। बांसुरी बजाना एक अभ्यास है वायुधारा के उचित कोण व वेग से प्रवाह का नियन्त्रण ही इसमें अपेक्षित है आचार्य श्री ने बांसुरी के सुरीलेपन को ही महत्त्व दिया है अन्यथा वह बाँस ही है।

आचार्य श्री भी बाँसुरी को प्रभुभक्ति में ही लीन मानते हैं–

प्रभु स्तुति में तत्पर
सुरीली बाँसुरी भी
बांस बन पीट सकती है। पृ. 73

बंशीधर भी मुक्त कण्ठ से
बंशी की प्रशंसा करते हैं
और
अपने ललित लाल अधरों से
लाड प्यार देते हैं बंशी को सुनते हैं श्रवणों से
बदले में फिर
सुरीले स्वर संगीत। पृ. 195

महाकवि कालीदास ने कुमारसंभव में वंशी के जन्म के सम्बन्ध में अनोखी कल्पना की है–

यः पूरमन्की चकरन्ध्रभागान्
दरी मुखोत्थेन समीन जेन
उद्गास्यातामिवोपगन्तुन।। कुमारसंभव–1.8

बाँसुरी के स्वरूप व भेदों का विस्तृत वर्णन संगीत रत्नाकर तथा संगीतसार में उपलब्ध है।

कुंभ वादन

मिट्टी का मटका स्वयं में एक प्रभावशाली ताल वाद्य है जिसका सबसे अधिक प्रचार दक्षिण भारत में है। उत्तर भारत में मटका लोक वाद्य की श्रेणी में गिना जाता है और दक्षिण में 'घटम्' के नाम से शास्त्रीय वाद्यों में गिना जाता है। घट से संगीत निकालना भी एक कला है, एक वाद्य यन्त्र की भांति घट का उपयोग करने वाले कलाकार अपनी प्रस्तुति से मन मोह लेते हैं संगीत का यह यन्त्र भी कृतिकार से छिपा नहीं है। सेवक कुंभकार घट की निर्दोषता ज्ञात करने के लिए उसे बजाता है उससे सप्त ध्वनियां निःसृत होती है जिसे सरगम कहते हैं–आचार्य श्री सरगम का बोध इस प्रकार कराया है–

कुंभ को हाथ में लेकर
सात बार बजाता है सेवक
प्रथम बार कुम्भ से
'सा' स्वर उभर आया ऊपर
फिर, क्रमशः लगातार
रे...ग...म...प...ध...नि
निकल कर निराग नियति का
उद्घाटन किया। पृ. 304

कुंभ से निकली ध्वनि दूर नभमण्डल को भी प्रतिध्वनित करती है...कुंभ के परिवेश में बहिरंग हो या अंतरंग कुंभ के अंग अंग से संगीत की तरंग निकल रही है–

इन सप्त स्वरों का भाव समझना ही
सही संगीत में खोना है। पृ. 304

संगीत गीत यह
कितना काल अतीत में।
व्यतीत हुआ, पता हो बता दो।

वस्तुतः आचार्य श्री का संगीत ज्ञान भी गहन है बहुत सूक्ष्मता से उन्होंने गायन और वादन के अंग उद्घाटित किये हैं।

कृतिकार कुंभ से निकले स्वर का अर्थ बताते हैं–

सा...रे...ग...म...यानी
सब प्रकार के दुख
प...ध यानी पद-स्वभाव
और
नि...यानी नहीं
दुख आत्मा का स्वभाव
धर्म हो नहीं सकता... पृ. 305

साथ ही मूकमाटी कहती है–

इन सप्तस्वरों का भाव समझना ही
सही संगीत में खोना है
सही संगीत को पाना है। पृ. 305

मूकमाटी कहती है कुंभ के अंग-अंग से संगीत की तरंग निकलती है–

बहिरंग हो या अंतरंग
कुंभ के अंग-अंग से
संगीत की तरंग निकल रही है
और
भूमण्डल नभमण्डल में
उसके गीत तैर रहे हैं। पृ. 29

तैराकी

तरण या तैराकी भी एक कला है, यह क्रीड़ा भी है और मनोरंजन भी, है और स्वास्थ्य की दृष्टि से लाभकारी भी। प्राचीनकाल से ही तैराकी का वर्णन पुराणों में आता है। कोटिभट्ट श्रीपाल ने समुद्र भुजाओं से तैरकर पार कर लिया था। तैराकी करने के भी कुछ नियम हैं। गुरुदेव ने तैराकों को सावधान किया है ऊपर ऊपर नहीं गहरे तक जाकर डुबकी लगाओ गुरुदेव की तो एक कृति भी **डूबो नहीं, लगाओ डुबकी** है। यही संदेश आचार्य श्री यहाँ भी देते हैं कि जब गहराई का आनन्द लेने के लिए डुबकी लगाना चाहो तो पहले तैरना सीखना होगा। सतह पर ही तैरने से कुशलता नहीं आती कुशलता गहरे तक जाने में है।

तैरने वाला तैरता है सरवर में
भीतरी नहीं
बाहरी दृश्य ही दिखते हैं उसे
नहीं पर दूसरा डुबकी लगाता है
सरवर का भीतरी भाग
भासित होता है उसे
बहिर्जगत का सम्बन्ध टूट जाता है। पृ. 289

गुरुदेव के शब्दों को ही यहां भी देखते है—

कोशिश करना और सीखना
तुम पानी में अच्छे से तैरना
तुम यह भी सीख जाओगे कि
जिन्दगी में मुसीबत से कैसे है लड़ना।
सतह पर

कब तक तैरते रहेंगे
हाथ भर आएंगे ही
लहरों के दर्शन मात्र से
सन्तुष्ट होने वाले
प्रायः डूबते दिखे हैं
प्रायः सतह पर

अपने बाहुबल से ही तैरा जाता है–

अपने ही बाहुओं से तैरकर
तीर मिलता नहीं बिना तैरे। पृ. 267

तैरना स्वावलम्बन और व्यायाम में भी प्रशिक्षित करता है। कहते है तैरना एक कला है तब डूबना एक आवश्यका है डूबने से तैरना ही बचाता है तैरने की कला सीखने के लिए कहा गया है–

मुसीबतों से लड़ना और
पानी में तैरना एक जैसा ही है
अगर आ जाएं तो आसान
वरना जिन्दगी भर परेशान।

मूकमाटीकार तैरना आवश्यक समझते हैं। वही व्यक्ति जीवन को समीपता से समझता है, जो तैरना जानता है–

न ही तैरना जानता है
और न ही तैरना चाहता है
खेद की बात है कि
तरण और तारक को
डुबोना चाहता है वह
जाल पर रहना चाहता है। पृ. 52

कुशल तैराक जीवन को भी
सफलता से पार कर लेता है।

द्वितीय खण्ड

मौसम विज्ञान

मौसम उन वस्तुओं में से है जो प्रत्येक स्थान, पृथ्वी से अन्तरिक्ष तक हमें सहन करना पड़ता है। जीवन से मृत्युपर्यन्त हमें उसके साथ रहना पड़ता है।

मौसम हमारे शरीर, मन, भावनाओं, क्रियाकलापों सबको प्रभावित करता है। भीषण गर्मी के पश्चात् भीनी भीनी वर्षा की फुहारें हमें आनन्दित करती हैं। गर्मी के बाद सर्दी हमें सुखप्रद लगती है। शारीरिक और मानसिक क्षमताओं के साथ हमारे भोजन और स्वास्थ्य पर भी ऋतुओं का प्रभाव पड़ता है।

वर्तमान में मौसम केवल प्राकृतिक परिवर्तन मात्र नहीं है अपितु इसकी मौसम सम्बन्धी विधा ही नहीं पूर्ण विज्ञान आज हमारे सम्मुख है, इसमें पूरा भूविज्ञान भी है। इसका प्रयोग बाढ़, सूखा, भूकंप जैसी प्राकृतिक आपदा का अनुमान लगाने के लिए किया जाता है, इसका प्रयोग नाविकों, मौसम गुब्बारों, रडारों, कृत्रिम उपग्रहों, पर्यवेक्षण टावरों, उच्च क्षमता वाले कम्प्यूटरों द्वारा भी किया जाता है तथा उन लोगों द्वारा भी किया जाता है जो सड़क व विमान यातायात का प्रबन्धन संभालते हैं।

मौसम विज्ञान प्रक्रियाओं और पूर्वानुमानों पर केन्द्रित वातावरण का वैज्ञानिक अध्ययन है विशेषतः वायुमण्डलीय घटना एवं मौसम से सम्बन्धित घटना का अध्ययन है। यह विज्ञान हवा की गति, दिशा, हवा का दबाव, तापमान, आर्द्रता बारिश या बर्फ की संभावना तथा खराब मौसम की भविष्यवाणी आम जनता को चेतावनी भी देता है। गरज, तूफान, हिमपात, लू, शीत लहर के विषय में बताता है। वस्तुतः मौसम विज्ञान, समुद्र विज्ञान, जलवायु भूगोल और पर्यावरण विज्ञान का समकेत अध्ययन है।

विज्ञान या मौसम विज्ञान स्वयं में कई विधाओं का समुच्चय है जो वायुमण्डल का अध्ययन करता है। मौसम विज्ञान में मौसम की प्रक्रिया एवं मौसम का

पूर्वानुमान अध्ययन के केन्द्रबिन्दु होते हैं। मौसम विज्ञान का इतिहास हजारों वर्ष प्राचीन है। बीसवीं शती के उत्तरार्द्ध में मौसम की भविष्यवाणी के लिए कम्प्यूटर के प्रयोग से इस क्षेत्र में क्रान्ति आ गयी।

मौसम औसत जलवायु को प्रदर्शित करता है। किसी भी स्थान का मौसम को वर्षा, सूर्य, प्रकाश, हवा, नमी एवं तापमान इत्यादि कारक प्रभावित करते हैं। यद्यपि आज हमारे पास अत्याधिक मौसम विज्ञान सम्बन्धित उपकरणों की उपलब्धता है–जैसे डाप्लर मौसम रड़ार, उपग्रह जनित आँकड़े, स्वचालित मौसम उपकरण, जीपीएस, रेडियो साउण्ड आदि। किन्तु हमारे ऋषि, मुनि, वनों में रहने वाले तो मात्र वायु, बादल, आकाश, सूर्य चन्द्र तारों नक्षत्रों आदि को देखकर ही मौसम की भविष्यवाणी कर देते थे–वराह मिहिर के शास्त्रीय ग्रन्थ वृहत्संहिता (500 ई.) भद्रबाहु संहिता आदि से स्पष्ट हैं कि वायुमण्डलीय प्रक्रियाओं का गहरा ज्ञान हमारे प्राचीन मनीषियों को था, बिना उपकरणों के भी उन्होंने धरा से ब्रह्माण्ड तक को अपने अतीन्द्रिय ज्ञान से ज्ञात किया, आकाश की मौसमीय स्थितियों–सूर्य, चन्द्रमा की स्थिति, ऋतु, मौसम के घटक जैसे वर्षा, हवा, गर्जन, प्रकाश, बाढ़ नदियों आदि की विस्तृत चर्चा मूकमाटी में हैं–

उजली उजली जल की धारा
बादलों से झरती है
धरा-धूल में आ धूमिल हो
दल दल में बदल जाती है।
शीतकाल की बात है
अवश्य ही इसमें
विकृति का हाथ है
पेड़ पौधों की डाल डाल पर
पात पात पर
हिमपात है। पृ. 90

मूकमाटी में शिशिर, बसन्त व ग्रीष्म के वर्णन प्रचुरता से आए है–बसन्त समाप्ति पर ग्रीष्म और तदुपरान्त बीच में शिशिर पतझड़ हेमन्त भी आये हैं।

शिशिर

आखिर अखर रहा है
यह शिशिर सबको
गरम चरम वाले ही
शीत धरम से
भयभीत होते हैं
ऋतु की प्रकृति भी शीत-शीला है

ओ बसन्त की महिमा! कहाँ गई
प्रभाकर का प्रचण्ड रूप है
चिलचिलाती धूप है
बाहर-भीतर, दायें-बायें, आगे-पीछे,
ऊपर-नीचे धग-धगाहर लपट चल रही है
बस बरस रही केवल तपन....तपन....तपन पृ. 177

कल-कोमल-कायाली
लता-लतिकाएँ ये
शिशिर छुवन से
पीली पड़ती सी
पूरी जल-जात है
प्राची के अधरों पर
मन्द-मधुरिम मुस्कान है। पृ. 90

आचार्य श्री ने शिशिर का सजीव वर्णन किया है। शिशिर वह ऋतु है जब वृक्षों के पत्ते झड़ने लगते हैं, विक्रम सम्वत् के अनुसार माघ और फाल्गुन 'शिशिर' अर्थात् पतझड़ के माप है, कड़ाके की ठण्ड पड़ती है। दिशाएं धवल और उज्ज्वल हो जाती हैं। इस ऋतु में वृक्ष, औषधि पृथ्वी की पौष्टिकता में वृद्धि होती है।

शीत काल

शरद ऋतु में वायु की दिशा बदल जाती है। शरद ऋतु मनोहारी एवं स्वस्थ ऋतु है। चारों ओर खेत में हिम की चादर बन जाती है–आचार्य तुलसीदास जी लिखते हैं–

बरसा बिगद सरद ऋतु आयी। लछिमन देखहु परम सुहाई।।
फूले कास समल महि छाई। जउ बरषां कृत प्रगट कुढाई।।

प्रकृति श्वेत कास के पुष्पों से ढकी प्रतीत होती है। दिन में सिकुड़न हो आती है। प्रभाकर की प्रखरता भी डरती बिखरती सी रहती है। शारदीय विभावरी का सौन्दर्य सभी हृदयों को सहलाने में सदा समर्थ होता है। ऋतुसंहार में बड़ा सुन्दर वर्णन है—शरत ऋतु में यदि आकाश में चांद उदित है तो सरोवर में राजहंस यदि जलाशय में कुसुम विकसित है तो आकाश में असंख्य तारे चारों तरफ कमल का साम्राज्य सा दिखाई देता है—प्रारम्भिक दिन बड़े ही सुहावने लगते हैं कहा भी है—'दिवसं शारदामिव प्रारम्भ सुखदर्शनम्'

मूकमाटी का द्रष्टव्यचित्रण—

अबला बालाएँ सब
तरल ताराएँ अब
छाया की भांति
अपने पतिदेव के
चन्द्रमा के पीछे पीछे हो
छुपी जा रही है। पृ. 2

मूकमाटी का यही महत्त्व है इसके स्वाभाविक चित्रण द्रष्टव्य है—

सीमातीत शून्य में
नीलिमा बिछाई
और इधर नीचे
निरी नीरवता छाई है
निशा का अवसान हो रहा है
उषा का अब भान हो रहा है
बादलों का घुमड़न घुटता रहा
बिजली का उमड़न चलता रहा
रुक-रुक कर
ओलावृष्टि होती गयी
शीत लहर चलती गयी। पृ. **439**

बादल दल छँट गये हैं
काजल...पत कट गये हैं
वरना...लाली क्यों फूटी है
सुदूर...प्राची में। पृ. 440

वर्षा से कभी कभी बाढ़ की स्थिति आ जाती है। चारों ओर हाहाकार मच जाता है। पशु पक्षी मनुष्य भयंकर बाढ़ में बह जाते हैं—तब लेखनी बड़ा करुण चित्रण करती है।

कुछ पशु, कुछ मृग
कुछ मूर्च्छित, कुछ जागृत
कुछ मृतक, कुछ अर्ह मृतक
अकाल में काल के कवल होने से
सबके मुख पर
जिजीविषा बिखरी पड़ी है
सबके सब विवश हो
बहाव में बहे जा रहे हैं। पृ. 450

घनी घनी घटाएँ मेघों की
गगनांगन में तैरने लगी
छा-सा गया तामसता का साम्राज्य
धरती का दर्शन दुर्लभ हुआ।

प्रारम्भ हुआ प्रचण्ड पवन का प्रवाह
जिसकी मुट्ठी में प्रलय छिपा है
पर्वतों के पद लड़खड़ाये
और
पर्वतों की पगडंडियां
धरती पर गिर पड़ीं। पृ. 438

गुरुतर तरुओं की जड़ें हिल गयी
कई वृक्ष शीर्षासन सीखने लगे
बांस दण्डवत करने लगी
धरा की छाती से चिपकने लगी पृ. 150

वर्षा के कारण नदी में
नया नीर आया है
नदी वेग आवेग बनी हुई है
संवेग निर्वेग से दूर
उन्मादवाली प्रमदा सी। पृ. 440

वर्षा ऋतु में कवि मेंढ़क को नहीं भुला पाते मेंढ़क पावस का गन्धर्व कहा जाता है। जागरूक कवि ने मेंढक और विषधर को उपमा बनाया है कहा है–

क्या मानी बन मेंढक भी
विषधर के मुख पर जा
खेल खेल समता है
कहीं ऐसा तो नहीं कि
धरती की सेवा के मिष
आपका उपहास कर रहा हो। पृ. 235

बादल का राग सुनकर भले ही मोर पपीहा कोकिल नाचने लगे गाने लगे। परन्तु मेंढ़क की टर्र टर्र की तो विलक्षण और निराली ही रागिनी होती है। अपनी खूबियों के कारण ही मेंढक वर्षा का प्रिय प्राणी बन गया है। वर्षा का सुहावना रोमांचक चित्रण–

मूसलाधार वर्षा होने लगी
छोटी बड़ी बूँदों की बात नहीं
जलप्रपात सभ अनुभवन है यह
धरती डूबी जा रही है जल में
जलीय सत्ता का प्रकोप
चारों ओर घटाटोप है
दिवस का अवसान कब हुआ
पता नहीं चल सका
तमस का आना कब हुआ
कौन बताएं! किससे पूछे?
और
बादलों का घुमड़न घुटता रहा
बिजली का उमड़न चलता रहा। पृ. 439

नये-नये बादलों का मन
नूतन ओलों का उत्पादन
बीच-बीच में बिजली की कौंध
संघर्ष का अपकर्षण प्रत्कर्षण
कलह कशमकश धूर्तता
सागर के विषम संकेत क्रूरता–
पराभव के बाद बढ़ता हुआ
दाह परिणाम है। पृ. 252

ग्रीष्म

बसन्त ऋतु के बाद ग्रीष्म ऋतु आती है। यह ऋतु अप्रैल से जुलाई तक रहती है। इसके आते ही बसन्त की कोमलता समाप्त हो जाती है। धीरे-धीरे गर्मी भी बढ़ जाती है कि घर से बाहर निकलना मुश्किल हो जाता है–कवि बिहारी कहते हें कि गर्मी से व्याकुल प्राणी वैर विरोध भूल जाते हैं। सब एक साथ पड़े रहते हैं–

कहलाने एकत बसत, अहि-मयूर, मृग-बाघ
जगत तपोवन सो कियो दीरघ दाघ निदाघ।।

जिस समय अत्यधिक गर्मी और गर्म हवा चलती है वह काल ग्रीष्म होता है।

सूर्य के पृथ्वी के निकट आने से यह ऋतु उत्पन्न होती है। इन महीनों में सूर्य की किरणें इतनी तेज होती हैं कि प्रातःकाल में भी उन्हें सहन करना कठिन होता है।

मूकमाटी में ग्रीष्म काल–

प्रभाकर का प्रचण्ड रूप है
चिलचिलाती धूप है
बाहर-भीतर, दायें-बायें
आगे-पीछे, ऊपर-नीचे
धग धगाहट-लपट चल रही है

बस बरस रही केवल

तपन...तपन...तपन। पृ. 177

चारों ओर लू चलती हैं, भयंकर ग्रीष्म का प्रकोप बढ़ जाता है। किसी कवि ने लिखा है–

बरसा रहा है, रवि अनल भूतल तवा जल रहा।

है चल रहा सन-सन पवन, तन से पसीना ढल रहा।।

आग उगलती हवाएँ ये

अपना परिचय देती सी

रसातल गत उबलते लावा को पृ. 177

यहाँ जल रही है केवल

तपन...तपन...तपन।

प्रचण्ड गर्मी में नदियाँ सूख जाती हैं मूकभाटी में ग्रीष्म में नदियों की स्थिति के विषय में लिखा है–

नील नीर की झील

नाली नदियाँ ये

अनन्त सलिला भी

अन्तः सलिला हुई है। पृ. 178

जिस उगलन में पेड़ पौधे पर्व पूरा निखिल पाताल तक पिघलता गलता हुआ दिखा–पृ. 182

ग्रीष्म में दिन सबसे लम्बे और गर्म होते हैं चलना पिफरना भी कष्ट दायक हो जाता है। हो जाते हैं गुरु जी अति सुन्दर उपमा देते हुए लिखते हैं–

दिनकर को

अपनी यात्रा पूर्ण करने में

अधिक समय लग रहा है

लग रहा है

रवि की गति में शैथिल्य आया है

अन्यथा/इन दिनों दिन बड़े क्यों? पृ. 178

ग्रीष्म की भंयकरता में काव्यमयी भाषा में प्रभावी वर्णन रेखांकित हुआ है–

कभी करात काला राहु
प्रभा-पुंज भाननु को
पूरा निगलता हुआ दिखा
कभी कभार भानु भी वह अनल उगलता हुआ दिखा।

पृ. 177

प्रलय का प्यासा बन गया
क्या वन-संरक्षण हेतु
धर्म ही बेचा जा रहा है?
क्या धन-संवर्धन हेतु
शर्म ही बेची जा रही है?

बसंत ऋतु

बसंत का ऋतुराज कहते हैं आकाश स्वच्छ लगता है, वायु सुहानी लगती है। नवगात, नव पल्लव, नव कुसुम के साथ नव गंध का उपहार देकर प्रकृति को विलक्षण बना देता है–सूरज का मध्यम रूप, गुनगुनाती हवाएं रंग बिरंगे, फूलों की बहार, पीतवर्णी सरसों, लकदक आम्र मंजरियां कोयलों की कूक के साथ बसंत धरती पर उतरता है।

प्राचीन काल से ही भारत में 6 ऋतुएं मानी जाती हैं, वसंत, ग्रीष्म, वर्षा, शरद, हेमन्त और शिशिर। छः ऋतुओं में प्रत्येक ऋतु का चक्र दो-दो माह का बन जाता है। ऋतुओं का चक्र फसल, वन, पशुपक्षियों और मानसिकता को भी प्रभावित करता है। वस्त्र धारण करने से लेकर भोजन और देशाटन भी इनसे प्रभावित होता है। ये ऋतुएं भी विचित्र है। कभी धरती तपने लगती है। कभी वर्षा की झड़ी लग जाती है, कभी बर्फ की श्वेत चादर बिछ जाती है तो कभी बसंत की मादक-मोहक रंगों से सजकर प्रकृति खिलखिलाती है। बसंत को ऋतुओं का राजा कहा जाता है। प्रकृति में सभी स्थलों पर पुष्पों की सुगन्ध फैल जाती है। पुष्प खिल जाते हैं, पेड़ों पर नए पत्ते आ जाते हैं। किसानों के लिए यह मौसम बहुत महत्वपूर्ण होता है। मूकमाटी ने भी छह ऋतुओं का मनोहारी वर्णन है–

कलियां खुल जिल पड़ी
पवन की हँसियों में

छवियां घुल मिल गई
नयी उमंग, नयी रंग
अंग अंग में नयी तरंग
नयी उर्जा तो नयी उष्मा
नये उतरव तो नयी भूषा
नये लोचन-समालोचन
नया राग नया पराग
नयी खुशी तो नयी हंसी
नयी नयी ये गरीयसी। पृ. 263

पतझड़

प्रतीकों के माध्यम से निवर्सन होते वृक्षों और गन्ध शून्य शुष्क पुष्पों के माध्यम से पतझड़ का सुन्दर वर्णन–

आभरण आभूषण उतारे गए
बसन्त के तन पर से
वासना जिस ओट में छुप जाती
वसन भी उतारा गया वह
बसन्त का भौतिक तन पड़ा है

निरा हो निष्क्रिय, निरावरण
गन्ध, शून्य, शुष्क, पुष्प-सा पृ. 180
देखते देखते दिखना बन्द हो गया
बसन्त का शव भी
अतीत की गोद में समा गया वह।।
पृ. 180–181

बसन्त चला गया
उसका तन जलाया गया

वह राग कहाँ, पराग कहाँ
चेतन की वह जाग कहाँ

वह महक नहीं, वह चहक नहीं
वह ग्राह्य नहीं, वह महक नहीं पृ. 179
वह 'वि' कहाँ, वह कवि कहाँ
मंजु किरणधर, वह रवि कहाँ
वह रंग कहाँ, वह रंग कहाँ?
अनंग का वह व्यंग कहाँ। पृ. 179

सुहावने मौसम के विपरीत जब मौसम उग्र रूप धारण करता है तब विभिन्न प्रकार की गंभीर समस्याएं उत्पन्न हो जाती हैं। इसमें वायु की स्थिति बदल जाती है इसमें धन जन की अपार क्षति होती है। चक्रवात घूमती ऐसी वायु जो गोलाकार पथ में चक्कर लगाती रहती है।

प्रलय का रूप धरता है पवन
कोप बढ़ा पारा चढ़ा
चक्री का बल भी जिसे देखकर
चक्कर खा जाय बस
ऐसा चक्रवात है यह।

आचार्य श्री का ज्ञान आश्चर्यचकित करने वाला है 'कोप बढ़ा पारा चढ़ा' चक्रवात गर्म क्षेत्र के समुद्र में मौसम की गर्मी से हवा गर्म होकर अत्यन्त कम वायुदाब का क्षेत्र बनाती है। हवा गर्म होकर तेजी से ऊपर आती है और ऊपर की नमी से मिलकर संघनन से बादल बनाती है। इस कारण खाली जगह को भरने के लिए नम हवा तेजी से जाकर ऊपर घूमती है जब हवा बहुत तेजी से उस क्षेत्र के चारों ओर घूमती है तो घने बादलों और बिजली के साथ मूसलाधार वर्षा होती है। यही गुरु जी ने लिखा है–ये चक्रवात महा भयंकर होते हैं। सैन्य बल, तन, धन, बल सब इनकी तबाही और आक्रामकता के सम्मुख असहाय है।

वर्षा ऋतु–विभिन्न प्रकार की फसलें वर्षा पर ही आधारित रहती हैं–वर्षा की भीनी भीनी फुहार सबको अच्छी लगती है पर मूसलाधार वर्षा तो कभी-कभी पूरे के पूरे क्षेत्र में त्राहि त्राहि मचा देती है।

पहाड़ी नदी हो आषाढ़ी बढ़ आयी
छोटे-छोटे वनचरों की क्या बात,
हाथी तक का पता न चलता
बह जाता सब कुछ। पृ. 347

आकाशीय बिजली का भी वैज्ञानिक वर्णन मूकमाटी में है। बादलों, हवा और धरा के बीच के वातावरण में बिजली एक विशाल चिंगारी है। आकाशीय बिजली वज्रपात में कारण है। आकाशीय बिजली पृथ्वी पर सर्वाधिक प्राचीन प्राकृतिक घटनाओं में से एक है। यह ज्वालामुखी विस्फोट, अत्यन्त तीव्र जंगल की आग परमाणु विस्फोट भारी हिमपात और बड़े तूफानों के बीच दिखाई पड़ती है। बिजली गिरने से भारी संख्या में जन हानि होती है। कालिदास ने ऋतुसंहार में वर्षा को उस राजा के सदृश बताया है जिसके पास हाथी होते हैं, विद्युत राजाकी पताका होती है। उमड़ते-घुमड़ते बादल धूम, धु और, धुआरे, मजरारे, श्वेत श्याम रूप धारण कर लेते हैं–मूकमाटी में बड़ा सजीव चित्रण है–

कर्ण कटुक मेघों का गुरु गर्जन
इतना भविष्य होने लगा
हर्षोल्लास नर्त्तन तो दूर
मयूर समूह का वह
कूक भी मूक हो गया
मेघों को क्रोधित मदोन्मत्त करने वाली
बीच बीच में
बिजली कौंधने लगी
और मूसलाधार वर्षा होने लगी। पृ. 439

बादल

यद्यपि इनका नाम पयोधर भी है
तथापि
विष ही बरसाते हैं वर्षा ऋतु में ये
अन्यथा
भ्रमर सम काले क्यों हैं। पृ. 230

बादल नदियों व तालाबों से ही जल ग्रहण कर वर्षा करते हैं। वर्षा काल में श्यामवर्णी मेघ चारों ओर अपना साम्राज्य फैलाए रहते हैं अपने वर्षण से पृथ्वी को भिगो देते हैं और फिर यह पृथ्वी भी मेघ का स्वागत करती है–

कालिदास कहते हैं–

स्थली नवाम्भः पृषताऽभिवृष्टा
मयूर केकाभिरिवाभ्रवृन्दम्।। कुमारसंभव 17.2 *पृ. 290*

अर्थात्–नये बादलों की बूंदों से भीगी पृथ्वी प्रसन्न होकर मानों मोर के शब्दों से मेघों का स्वागत करती है।

बादलों ने बिजली का उत्पादन किया। क्रोध से भरी बिजली कौंधने लगी। सबकी आँखें बन्द हो गयीं। चिपक गयी हों गोंद से कहीं

छोटी बड़ी बूंदों की बात नहीं
जलप्रपात सम अनुभवन है यह
धरती डूबी जा रही है जल में
जलीय सत्ता का प्रकोप
चारों ओर घटाटोप है
दिवस का अवसान कब हुआ
पता नहीं चल सका
तमस का आना कब हुआ?

बादलों का उमड़न घुटता रहा
बिजली का उमड़न चलता रहा। पृ. 439

जलद बना जल
बरसाता रहा

गरमी के पश्चात् वर्षा ऋतु आती है। आषाढ़ सावन, भादों अश्विन से चार माह वर्षा ऋतु के होते हैं। वर्षा ऋतु में बादल गरजते हैं। बिजली कड़कती है। वर्षा कभी रिमझिम कभी मूसलाधार होती है। पेड़ पौधे हरे भरे हो जाते हैं, कोयल कूकती है, बाग में मोर नाचते हैं, किसान कृषि में लग जाते हैं–खेती का तो सर्वस्व ही बादल है। मूकमाटी में वर्षा का वर्णन प्रचुरता से है–

आषाढ़ी फनी गरजती
भीतिदा मेघ घटायें सी
कज्जल काली धूप की गोलियाँ
अविकल उगलने लगा पृ. 278

वन उपवन और पवन
भानु की आभा से धुल गये हैं
कलियां खुल खिल पड़ी
पवन की हँसियों में
छवियां घुल मिल गयीं
गगन की गलियों में

मस्तक के बल भूकणों ने भी
ओलों को टक्कर देकर
उछाल दिए शून्य में
बहुत दूर धरती के कक्ष के बाहर
आर्यभट्ट, रोहिणी, आदिक
उपग्रहों को उछाल देता है
यथा प्रक्षेपास्त्र। पृ. 250

- मौसम विज्ञान मात्र ऋतु चक्र को ही प्रभावित नहीं करता है अपितु प्रकृति में सम्भावित परिवर्तनों को भी भविष्यवाणी करता है—बादल का रूप स्वरूप परिवर्तित होती है सागर की धारा विकराल हो जाती हैं—

राह में राशि मिलती देख
राहु गुमराह-सा हो गया
हाय! खेद की बात है
राहु की राह ही बदल गयी। पृ. 235

प्रभाकर की उद्दण्डता कब तक चलेगी
(पृथ्वी से प्रभावित प्रभाकर)
सौरमण्डल की शालीनता को
लीलता जा रहा है वह। पृ. 234

अदृश्य-निधि के स्पर्शन से
राहु इतना काला हो गया, कि
वह दुर्दर्श्य हो गया पाप-शाला। पृ. 235

संकल्प लिया पंछी दल ने
कि
सूर्य-ग्रहण का संकट यह
जब तक दूर नहीं होगा
तब तक भोजन का त्याग
जन रंजन मनरंजन का त्याग
और तो और
अंजन व्यंजन का भी। पृ. 235

सौर और भूमण्डल की
ऊपर अणुशक्ति काम कर रही है
तो इधर-नीचे
मनु की शक्ति विद्यमान पृ. 249

कभी काला कराल राहु
प्रभा-पुंज भानु को भी
पूरा निगलता हुआ दिखा
कभी कभार भानु भी वह
अनल उगलता हुआ दिखा

बडवानल क्यों सागर में–

अदम्य आकांक्षा
सर्व भक्षिणी वृत्ति
सागर की इस स्थिति को देखकर
तेज प्रभाकर को
सहा नहीं गया यह सब
अतः रवि ने
तेज तत्त्वों को सूचित किया
जो प्रभाकर से ही शासित था
जातीयता का साम्य भी था जिसमें
परिणामस्वरूप तुरन्त
बडवानल भयंकर रूप में खौल उठा। पृ. 225

जीव विज्ञान

प्रकृति में पाये जाने वाले वे पदार्थ जिनमें जनन, वृद्धि, बुद्धि, विकास अनुकूल व संवेदनशीलता का गुण पाया जाता है, सजीव कहलाते हैं, इनमें उपापचय क्रियाएं सम्पन्न होती है। इनमें स्वयं को सुसंगठित करने तथा प्रतिक्रिया करने की क्षमता रहती है।

मूकमाटी में हमें जीव विज्ञान की सामग्री भी प्रचुरता से मिलती है। जीवविज्ञान विज्ञान की वह शाखा है जिसके अन्तर्गत समस्त जीवधारियों का अध्ययन किया जाता है। जीव विज्ञान को दो मुख्य शाखाओं में विभाजित किया गया है–

1. जन्तु विज्ञान (Zoology)
2. वनस्पति विज्ञान (Botany)

जन्तुविज्ञान के अन्तर्गत समस्त जन्तुओं तथा उनके क्रियाकलापों का अध्ययन किया जाता है–वनस्पति विज्ञान (Botany) इस शाखा के अन्तर्गत समस्त पौधों या उनके क्रिया कलापों का अध्ययन किया जाता है–

आचार्य श्री आगम के तलस्पर्शी अध्येता है उन्होंने तीनों लोकों के व्याप्त स्थूल सूक्ष्म, मात्र स्थावर सभी प्रकार के जीवों का सूक्ष्मतिसूक्ष्म अध्ययन किया है–

और निर्ग्रन्थ श्रमण की चर्या के फलस्वरूप पद विहार, अनियत वास, विपिन प्रवास जीवन के अभिन्न अंग होने से वन्य जीवों, जलचर, नभचर, थलचर सभी पर करूणाभाव उनका गुण है वे जीव विज्ञान को भी दया का विज्ञान कहते हैं।

दया का होना ही
जीव विज्ञान का
सम्यक् परिचय है
नाग शूकर, मच्छ, गज मेघ आदि
जिनके नाम से मुक्ता प्रचलित है

वंश मुक्ता, सीप-मुक्ता,
नाग-मुक्ता, शूकर-मुक्ता
मच्छ-मुक्ता, गज-मुक्ता
और मेध मुक्ता
मेघ मुक्ता बनाने में भी धरती का ही हाथ है। पृ. 196

बाघ-भेड़-बाज-बकों में
सारंग कुरंग सिंह अंग में
खग-खरगोशों-खरों-खलों में
संकल्प लिया पंछी दल ने

भ्रमर और मक्षिका एक नहीं हो सकते–
सुरभि से भरे फूलों को छोड़
मल-मूत्र-श्लेष्म-मांस आदि आदि
पदार्थों पर भ्रमर कभी बैठता नहीं
जहाँ पर मक्षिका फंसकर मर जाती है
मति मन्दा।

मूकमाटी में अनेक पशुओं की भी प्रकृति का विवरण है। पशुपक्षियों के माध्यम से उन्होंने योगी सूत्रों व्यावहारिक ज्ञान, नीति ज्ञान पारस्परिक सम्बन्धों की पद्धति का कर्तव्याकर्तव्य का ज्ञान यथार्थ के धरातल पर कराया है।

काठियावाड के युवा घोड़े, बड़े-बड़े अजगरों, मृगों, गजगणों, पक्षियों का उनकी प्रकृति सहित विशद वर्णन करते हैं।

कठियावाड के युवाघोड़ों की पूंछ-सी
ऊपर की ओर उठी मानतिरेक से तनी
जिनकी काली काली मूंछे हैं
जिनके गठीले संपुष्ट बाजुओं को देखकर
प्रतापशाली भानु का बल भी।

श्वान की सिंह से तुलना विषय में कहते हैं–

श्वान को पत्थर मारने से
पत्थर को ही पकड़कर काटता है

मारक को नहीं
और सिंह–
सिंह विवेक से काम लेता है
सही कारण की ओर...ही
सदा दृष्टि जाती है सिंह की
मारक के ऊपर मार करता है वह
श्वान के विषय में
वह अपनी जाति को देख कर
धरती खोदता गुर्राता है।
सिंह अपनी जाति से मिलकर जीता है।
भूख मिटाने हेतु सिंह विष्टा का सेवन नहीं करता। पृ. 170

पक्षी विज्ञान (Ornithology) पक्षी विज्ञान भी जीव विज्ञान की शाखा है। भारतीय संस्कृति में पक्षियों का बहुत महत्त्व है। विभिन्न देवी देवताओं के वाहन के रूप में इन्हें सम्मान मिलता है। सरस्वती का वाहन हंस तो नीर-क्षीर-विवेक के लिए प्रसिद्ध है ही, कृष्ण का परिचय तो उनके मुकुट के मोरपंख से ही है। बाल्मिकी क्रौंच वध होते ही करुणार्द्र होकर कहते हैं हे निषाद! तुम्हें समाज में प्रतिष्ठा नहीं मिलेगी। मैना और तोता तो न जाने कितनी लोककथाओं के मुख्य पात्र हैं। कौआ श्राद्ध पक्ष का प्रिय पक्षी एवं शकुन अपशुकन से जुड़ा है–गिद्ध, बगुला लोकोक्तियों तथा मुहावरों के शब्द बन गए हैं। संस्कृत, पाली, प्राकृत साहित्य भी पक्षियों के ज्ञान से समृद्ध है। चकवा चकली तो दाम्पत्य-जीवन से सीधे जुड़े हैं।

आचार्य श्री के दृष्टिपथ पर प्रचुरता से पक्षी रहे हैं, शहरों की कोलाहल से दूर एकान्त में ही वर्षावास, प्रवास करने वाले गुरुदेव ने विस्तार से पक्षी-परिवार का वर्णन किया है–

काक कोकिल कपोतों में
चील-चिड़िया-चातक चित्त में
बाघ-भेड़-बाज-बकों में
सारंग कुरंग सिंह अंग में
खग-खरगोशो-खरों-खलों में
संकल्प लिया पंछी दल ने। पृ. 240

चन्द्रमा की चाँदनी को तरसती
चतुरी-चकवी सम। पृ. 126

मछली

प्रागौतिहासिक काल से लेकर आज तक हमारे जीवन में मीन के माध्यम से कल्याण की कामना की जाती रही है, यों तो मीन का अंकन हड़प्पा काल की मुहरों तथा मृदभाण्डों पर भी पाया गया है पर मीन-मिथुन के रूप में सर्वप्रथम अंकन छठी शती ई.पू. के पंचमार्क रजत सिक्कों पर हुआ है। मछली ज्ञानैषणा और भावैषणा का प्रतीक है मछली का तितीर्षभाव और जीजिवषा भाव काल की अव्यक्ता सत्ता के प्रति सृज्यात्मक संघर्ष है। अस्ति को प्रकाशित और प्रमाणित करने की अदम्य लालसा है। मूकमाटी में मछली को विशिष्ट स्थान प्राप्त हुआ है। प्रथम सर्ग से ही मछली मूकमाटी की कथा सिन्धु में बह रही है। मछली के माध्यम से सल्लेखना की महत्ता परिभाषा अत्यधिक विस्तार से व्याख्यायित है। सल्लेखनारत मछली की भाव भंगिमा और हृदय की व्यथा-कथा मार्मिकता से उद्घाटित हुई है।

मिट्टी के साथ मछली का भी घनिष्ठ सम्बन्ध है। मिट्टी के लिए जल, जल के लिए सरोवर, झील, सरिता, सागर की आवश्यकता होती है और जहाँ जल वहाँ मछली, वैज्ञानिक भी कहते हैं जिस जल में मछली नहीं उस जल की जैविक स्थिति सामान्य नहीं है। शास्त्रों एवं शकुन शास्त्रों के अनुसार मछली शुभसूचक है। मीनयुगल सकारात्मक उर्जा का प्रतीक माना जाता है। वास्तुशास्त्र और फैंगशुई तो घर कार्यालय की नकारात्मकता समाप्त करने और श्रीवृद्धि करने के लिए एक्वेरियम रखवाते हैं, महाभारतकालीन मीन तो प्रसिद्ध हैं ही मीन की आँख का लक्ष्यभेद करके ही अर्जुन ने स्वयंवर में द्रौपदी को प्राप्त किया था, तीर्थंकर माता स्वप्न में युगलमीन देखती है, बारह राशियों में एक राशि मीन है और 18वें तीर्थंकर अरहनाथ भगवान का चिन्ह भी तो मीन ही है, मीन की हजारों प्रजातियाँ हैं पर कोई भी प्रजाति ऐसी नहीं है जो जल के बिना जीवित रह सकती हो।

आचार्य श्री मछली जैसे जीव की भी जीवनप्रणाली को विस्तृत रूप से व्याख्यायित करते हैं–

नदी के भीतर आना हुआ कि
छोटी बड़ी मछलियाँ
जल से ऊपर उछलतीं
सलिल क्रीड़ा कर रही हैं... पृ. 444

मीन-मिथुन भारतीय जीवन में युगों युगों से एक प्रतिष्ठित प्रतीक माना जाता रहा है, शोभा, सौभाग्य एवं सृजन के लिए मीन की महत्ता स्वीकार्य की गयी है। प्रागैतिहासिक काल से लेकर आज तक हमारे जीवन में मीन के माध्यम से कल्याण की कामना की जाती रही है (सिंह 2010 : 48) ऐसी बहुत सी मृण्मूर्तियाँ एवं प्रस्तर मूर्तियाँ पायी गयी हैं जिनमें मीन का चित्रांकन है।

मूकमाटी में मीन सच्चे प्रेम की प्रतीक मानी जाती है

तैरती हुई मछलियों से
उठती हुई तरल-तरंगें
तरंगों से घिरी मछलियाँ
ऐसी लगती हैं कि
सबके हाथों में
एक-एक फूल माला है। पृ. 76

उछलने को मचलती-सी
यह मछली
बालटी में से उछलती है
और जा गिरती है
माटी के पावन चरणों में पृ. 80

मछलियों की प्रकृति से छली होती है अतः आचार्य श्री सावधान करते है—

अपने जीवन काल में
छली मछलियों सी
छली मत बनना
विषयों की लहरों में
भूलकर भी
मन चली बनना
जल में जन्म लेकर भी
तड़पती रही यह मछली
जल से जलचर जन्तुओं से
जड़ में शीतलता कहाँ माँ... *86*

स्वभाव से छली ही नहीं अपने स्वभाव को परिवर्तित करने की क्षमता भी रखती है मछली में भी धर्म भावना जागृत हो सकती है वह सल्लेखना की भावना भाती हुई मछली बस धर्म की शरण में ही जाना चाहती है—

पानी में बाल्टी
और बाल्टी में पानी
पूर्ण रूप से दोनों
अवगाहित होते हैं
मछली उसमें
प्रवेश पा जाती है
'धम्मं शरणं पव्वजामि'। पृ. 75

तिर्यंचगति में भी जीव सल्लेखना ले सकते हैं मछली के माध्यम से मरणासन्नजीव की सहृदय वेदना और मुक्ति प्राप्ति की छटपटाहट का बड़ा संवेदनशील चित्रण है। आचार्य श्री ने वन में केवल तप ही नहीं किया अपितु वन में विचरण करने वाले जीवों के क्रियाकलापों को भी सूक्ष्मता से देखा है।

अनेक प्रसंगों में 50 से अधिक पशु पक्षियों के नामों का उल्लेख मिलता है।

मेंढक

क्या मानी मेंढक भी
विषधर के मुख पर जा
खेल खेल सकता है। पृ. 235

गाय

भूखी गाय के सम्मुख
जब घास फूस चारा डाला जाता है
ऊपर मुख उठाकर
रक्षकों के आभरणों-आभूषणों को
अंगों उपांगों को नहीं देखती वह
बस इसी भांति
भोजन के समय पर
साधु की भी वृत्ति होती है
जो गोचरी वृत्ति कही जाती है। पृ. 333

भ्रमर

पराग प्यासा भ्रमर-दल वह
कोंयल-फूल-फलों दलों का
सौरभ रस पीता है
पर उन्हें
पीड़ा नहीं पहुँचाता — पृ. 333

मक्षिका गन्ध सेवी होने मात्र से भ्रमर ओर मक्षिका एक नहीं हो सकते सुरभि से भरे फूलों को छोड़ मल-मूत्र श्लेष्म-मांय आदि पदाथों पर भ्रमर कभी बैठता नहीं जहाँ पर फंस कर मक्षिका मर जाती है मतिमन्दा। पृ. 419

पक्षी एवं विषधर

सन्ध्या की शंका से शंकाकुल
आकस्मिक भय से व्याकुल
जिसके पंख भर आए हैं
श्लथ पक्षी दल वह
विहंगम दृश्य दर्शन छोड़
अपनी अपनी नीड़ों पर आ
मौन बैठ जाते हैं जिसका तन। — पृ. 444
कुटिल विचरण वाले
विषधरों की पतली पतली पूंछे
अनायास लिपटने लगी हैं।

बिच्छू

मुक्ता को छूते ही
बिच्छू के डंक की वेदना
पापड़-सिकनी-सी काया सबकी
छटपटाने लगी... — पृ. 212

गदहा

गद का अर्थ है रोग
यानी गद का अर्थ है रोग
हा का अर्थ है हारक

मैं सबके रोगों का
हन्ता बनूँ
...बस
और कुछ बाँधा नहीं
गद-हा...गदहा।

महामगरमच्छ

व्याघ्र सम भयानक जबड़ों में
बड़ी बड़ी टेढ़ी मेढ़ी
तीखी दन्त पंक्तियाँ चमक रही हैं
जिनकी रक्त लोलुपी लाल रसना
बार-बार बाहर लपक रही हैं
विषाक्त कंटक वाली
ऊपर उठी पूंछ है जिनकी
ऐसे मांस भक्षी
महा-मगरमच्छ
भोजन गवेषणा में रत। पृ. 444
परिवार के आस-पास
सर उठाने लगे हैं

व्याल

लक्ष्यहीन दीन दरिद्र
व्याल-पक्षी होता है

मृग

मृग समाज मार्ग भूलकर
मृगराज के सम्मुख जा सभी
बड़ी बड़ी बांबियाँ....तो
धूल बनकर गिर पड़ी
और
क्रूर विषधर विष उगलते
फुत्कार करके बाहर निकलते
जिनकी आँखों में रोष
ताण्डव नृत्य कर रहा है। पृ. 429

काक

काक का प्रलाप है
क्या गदहे का
पंचम अलाप। पृ. 303

सिंह

पीछे से किसी पर धावा नहीं बोलता सिंह
गरज के बिना गरजता भी नहीं। पृ. 169

कछुवा और खरगोश

हिन्दू ग्रंथ कहते हैं समस्त पृथ्वी कछुवे की पीठ पर स्थित है। कछुवा दीर्घायु होने का प्रतीक माना जाता है। कछुवा भगवान विष्णु का रूप माना जाता है। उन्होंने कच्छप अवतार लिया था, फेंगसुई में कहते हैं कछुवा सकारात्मक उर्जा देता है इससे घर में लक्ष्मी का आगमन होता है। बीसवें तीर्थंकर भगवान मुनिसुव्रत का चिन्ह कछुवा ही है।

इस प्रकार खरगोश भी शुभ माना जाता है। सकारात्मक उर्जा व घर में सुख शान्ति का प्रतीक माना जाता है। *कछुवा और खरगोश का भी चित्रण दर्शनीय है—*

कछुवा धीमी चाल चलता
समय के भीतर लक्ष्य तक जा चुका है
और
खरगोश धावमान होकर भी
बहुत पीछे रह चुका है
गजगज की गर्जना से
गगनांगन गूंज उठा
धरती की धृति हिल उठी पृ. 172

ज्ञात है—

संकोच शील वाले भी
कई कछुवे भी स्वच्छन्द हो
परिवार की मृदुल-मांसल
जंघाएं छू छूकर
छूमन्तर होने लगे। पृ. 444

आचार्य श्री ने जीवों के स्वभाव तथा अंग आदि की सादृश्यता को मानवीय स्वभाव व रूप के साथ जोड़कर उपमान व उपमा बनाया है। इस प्रकार हम देखते हैं मूकमाटी में स्थल, नभ, जलचर, वानस्पतिक स्थावर सभी का सांकोतक रूप में मनोहारी वर्णन है।

वनस्पति विज्ञान

प्राचीन ऋषि मुनियों की परम्परा के सामर्थ संवाहक आचार्य श्री को वनस्पतियों को गहन ज्ञान है। वन में ही साधना आराधना रत संतों ने तो वनस्पति जगत का सूक्ष्य अध्ययन किया सम्पूर्ण जगत को वह ज्ञान वितरित भी किया।

व्याधियों के निवारण हेतु भी इन वनस्पतियों का चूर्ण, आसव, रस आदि औषधि रूप में प्रयोग होता आया है वनस्पतियों के औषधिय प्रयोग के भी अनेक संदर्भ हमें प्राप्त होते हैं। वृक्षों में चेतना के अस्तित्व को जैन धर्म में लाखों वर्ष पूर्व ही स्वीकार लिया गया था। भारतीय आर्ष ग्रन्थों में वृक्षों की पूज्यता के पृष्ठ में वृक्षों की दिव्य चेतना ही है। ज्ञान के उन्मेष काल में ही भारतीय मनीषियों ने वनस्पति में चेतना के दर्शन कर लिए थे। हमारा प्राचीन साहित्य और दर्शन साक्ष्य है कि जब कभी वृक्षों की तात्त्विक चर्चा की गयी तो उन्हें निःसंकोच चैतन्य सम्पन्न प्रतिपादित किया गया है। वृक्षों को सुख दुःख की अनुभूति होती है। वृक्ष कट जाने फिर नव अंकुरण होता है। महान भारतीय वैज्ञानिक जगदीश चन्द्र बसु ने वह सब कुछ प्रमाणित करने की दिशा में प्रशंसनीय कार्य किया जिसे हमारे मनीषी ऋषि अपने ग्रंथों में कह गए थे। बसु के स्वनिर्मित यंत्र 'क्रैस्कोग्राफ' और कृत्रिम आँखों द्वारा छुई मुई तथा वन चंडाल के पौधों पर संवेदनशीलता के कई प्रयोग किए थे। तदुपरान्त अनेक वैज्ञानिकों ने विभिन्न प्रकार से वनस्पति पर प्रयोग किए और वनस्पति में चेतना को स्वीकारा।

मूकमाटी भी वृक्षों के सम्बन्ध में मुखर है। वृक्षों के प्रति कवि का वात्सल्य भाव है उन्होंने अपने अनुभव की आँखों से वनस्पति के अन्तरंग के दर्शन किए और अपने साधनानुभूत ज्ञान से सबको परिचित कराया। भारतीय संस्कृति में वनस्पतियों के साथ सहोदर-स्नेह का तादात्म्य सम्बन्ध संकल्पित किया गया था। वनस्पितियाँ मानवीय सुख-दुख के भावावेगों में समाहित होकर उसके समरूप आचारण करती थीं–मनुष्य के दुख भाव में यात्री होकर वे पर्णादि गिराकर पत्रों को पीतवर्ण में परिवर्तित कर अपना दुख व्यक्त करती थी। इस प्रकार मानव

हर्ष में सम्मिलित होकर नव कोंपले खिलाती थीं। पुष्पों को प्रफुल्लित करती थीं। वनस्पति जगत के साथ ऐसा सम्बन्ध अन्य संस्कृतियों के लिए आश्चर्य का विषय रहा है और आज भी है।

मूकमाटी में पूज्य गुरुदेव की प्रकृति निरीक्षण-परीक्षण की सूक्ष्म व संवेदनशील दृष्टि का परिचय तो प्राप्त होता है। साथ ही उनका विशद एवं गहन विवेचन भी मूकमाटी में प्रकट हुआ है। वनस्पति विज्ञान जीवविज्ञान की एक शाखा है। वनस्पति अथवा पादपों के अध्ययन को वनस्पति विज्ञान कहते हैं–

वनस्पति सम्बन्धिनां विशिष्टज्ञानं वनस्पतिविज्ञानम्।

रचनाकार लेखक ने वृक्षों के रोपण, संरक्षण संवर्द्धन के माध्यम से पारिस्थितिकी के प्रति जागरूकता उत्पन्न करने का युगधर्म निभाया है, कृति फल, फूल, कोमल कलिका, वृक्ष सभी के साथ पूर्ण रागात्मकता से जुड़ा है। मूकमाटीकार अतः सावधान भी करते हैं–

आघात मूल पर हो तो
द्रुम सूख जाता है
दो मूल में सीलय तो
पूरम फूलता है
वनस्पति मौसम से प्रभावित रहती है–
कल-कोमल-कायाली
लता-लतिकाएँ ये
शिशिर-छुवन से
पीली पड़ती-सी
पूरी जल-जात है। पृ.124

मूकमाटी में अनेक स्थलों पर बीज, अंकुर, जड़, शाखा का पर्याप्त वर्णन तो मिलता ही है। साथ ही पत्र, तृण, दूर्वा, दर्भ, फल एवं औषधियों का भी प्रयोग प्रचुरता से किया गया है। मूकमाटी में, उद्यान, अरण्य, क्षेत्र, वन उपवन का सूक्ष्म और विशद वर्णन है, जो न केवल कथा विस्तार के लिए अपितु लोक व्यवहार में भी लोगों के लिए बहुपउयोगी है।

भारतीय जीवन में पुष्पों का अतीव महत्त्व है, चाहे हमारे संस्कार हो या सामाजिक पारिवारिक अनुष्ठान फूलों के बिना वे पूरे नहीं होते। फूल के पर्यायवाची सुमन की व्युत्पत्ति करते हुए महाभारत में कहा है–

मनोहृलादयते यस्माच्छियं चापि दधाति च।
तस्मात् सुमनसः प्रोक्ता नरैः सुकृत कर्मभिः।।

फूल मन को आह्लाद प्रदान करता है और शोभा एवं सम्पत्ति का आधान करता है इसलिए पुण्यात्मा पुरुषों ने उसे सुमन कहा है। फूल वृक्ष के हृदय के उल्लास होते हैं, पत्ते, फूलों और फलों के माध्यम से ही वृक्ष अपने को अभिव्यक्त करते हैं, इनमें भी फूल, वृक्ष या पौधे की कलात्मक अभिव्यक्ति है। भारतीय चिकित्सा पद्धति में विभिन्न प्रकार के फूलों से अलग-अलग रोगों का उपचार किया जाता है।

फूल और फलों को देखकर ही तो निराकार ऋतुओं का अनुमान हो जाता है। इस प्रकार पुष्प ऋतुओं के प्रतीक भी हैं और संदेश प्रदाता भी, फूलों और फलों की अधिकता वाले, देखने में रमणीय स्थल की ग्रंथों में प्रशंसा की गयी है। किसी देश की सुख समृद्धि में प्रचुर मात्रा में फूलों का खिलना और फलों का लगना सम्मिलित है। मूकमाटी में तो अन्य को भी अनन्य बता दिया गया है इसमें फूलों के साथ शूलों की भी महत्ता को प्रतिपादित किया गया है। फूल और शूल दोनों की ही समान रूप से अपनी विशेषता है—

यह कैसी विडम्बना है कि
सबके मुख से फूलों की ही प्रशंसा की जाती है
और
शूलों की हिंसा की जाती है
यह क्या
सत्य पर आक्रमण नहीं है? पृ. 102

वे शूल और फूल दोनों के गुणधर्म भी व्याख्यायित करते हैं—

भारतीय जीवन में फूलों का अतीव महत्त्व है। चाहे हमारे संस्कार हो या सामाजिक और पारिवारिक अनुष्ठान फूलों के बिना वे पूरे नहीं होते। फल वृक्ष के हृदय का उल्लास होते हैं। पत्ते फूल और फल के माध्यम से ही वृक्ष स्वयँ को अभिव्यक्त करते हैं कलिका तो संभावनाओं का कोष होती हैं—

इस कलिका में संभावनाएँ अगणित हैं
किन्तु यह कलिका कली रूप में कब तक रहेगी
इसकी भीतर संधि से सुगन्धि कब फूटेगी वह? पृ. 140

और जब यह सुगन्ध फूटती है–निशिगन्धा की निरी महक-सी बाहरी भीतरी वातावरण को सुरभित करती जो। वही निष्ठा की फलवती प्रतिष्ठा/प्राण प्रतिष्ठा कहलाती है। जन जन भविजन के मन को सहलाती सुहाती है।

कृतिकर तो सभी के प्रति वात्सल्य रखते हैं कोई भी रूप हो वो उसी की गुणवत्ता का बखान करते हैं–

फूल में भले ही गन्ध हो
पर रस कहा है उसमें
फल तो रस से भरा होता है
साथ हो
सुरभि से सुरभित।
फूल से नहीं, फल से
तृप्ति का अनुभव होता है
फूल को रक्षक हो
फल का रक्षण हो
और फल का भक्षण हो
हाँ! हाँ!

पृ. 107

भारतीय वेदों में 740 पौधों का नामोल्लेख है। मूकमाटी में भी अनेक वृक्ष, पादपों का नाम आया है। वृक्ष वनस्पतियाँ विषनाशक है, प्रदूषण को नष्ट करती हैं। अतः इनकी रक्षा आवश्यक है।

बाँस की विशेषता

बांस से वंशमुक्ता कैसे निर्मित होती है–
धरती मां की आज्ञा पा
बड़े घने जंगलों में
गगन चूमते गिरिकुलों पर
बांस की संगति पा
जलदों से झरा जल
वंशमुक्ता में बदलने लगा।

पृ. 195

ऐसे प्रकृति की आभूषण वनस्पति को नष्ट न करने का संदेश भी आचार्य श्री देते हैं। बांस भी धरती का अंश है धरती ने कह रखा है बांस को कि वंश की शोभा तभी है जल को मुक्ता बनाते रहोगे युगों युगों तक–

बड़े घने जंगलों में
गगन चूमते गिरिकुलों पर
बांस की संगति पा
जलदों से झरा जल
वंश मुक्ता में बदलने लगा। पृ. 195

विभिन्न वृक्ष

काली काली छाल वाली
बबूल की लकड़ियाँ
एक के ऊपर एक
सजाई जाती हैं
और उन्हें
सहारा दिया जा रहा है
लाल-पीली छाल वाली
नीम की लकड़ियाँ भी
बीच-बीच में बिछाई गयी
धीमी-धीमी जलने वाली
सचिक्कन इमली की लकड़ियों जो
अबा के किनारे
चारों ओर खड़ी की है
और
अवा वे बीचोबीच
कुम्भ समूह अवस्थित है। पृ. 270

आम्र की प्रकृति

घातक घायल डाल पर
रसाल-फल लगता नहीं
लग भी जाय
पका नहीं

और
काल पाकर
पक भी जाय तो
भोक्ता को स्वाद नहीं आएगा
उस रसाल का। पृ. 432

आचार्य श्री प्रकृति की प्रकृति का भलीभांति ज्ञान करा देते हैं–

आम्र-मंजुल-मंजरी
कोमलतम कोंपलों की मृसणता
भूल चुकी अपनी अस्मिता यहाँ पर। पृ. 127

प्रकृति नहीं, पाप पुंज पुरुष है
प्रकृति की संस्कृति परम्परा
पर से पराभूत नहीं हुई
अपितु अपनेपन में तत्परा है
अन्यथा प्रकृति का दण्ड भोगना पड़ता है
पुरुष की पिटाई प्रकृति ने की। पृ. 124

आचार्य श्री ने फूलों की कोमलता ही नहीं शूलों की कठोरता की भी उपादेयता का देखा समझा है–

दूसरों की पीड़ा-शल्य में
हम निमित्त हैं
इसी कारण से हम शूल हैं
तथापि
सदा हमें शूल की रूप में ही देखना बड़ी भूल है
कभी कभी शूल भी अधिक कोमल होते हैं
फूल से भी। पृ. 99

फूलों की सुवास पौधे की दी हुई है तो काँटों को रस भी उस पौधे ने दे रखा है जिस रस से गुलाब महका है उसी रस से काँटे भी पनपे हैं काँटों के कारण ही गुलाब की सुरक्षा होती है।

फूल के साथ शूल यही शिक्षा देते हैं कि विश्व में प्रिय के साथ अप्रिय भी वस्तु की साथ-साथ होती है। उसके अन्दर दोनों साथ रहने और सहने की क्षमता होनी चाहिए।

प्रकृति अपने गुणों पर अहंकार नहीं करती बल्कि वह उसे सब पर न्योछावर कर देती है। छोटा-सा दाना भी इसीलिए महानता का गुण रखता है–

खस-खस का दाना सा
बहुत छोटा होता है
बड़ का बीज वह
समुचित क्षेत्र में उसका वपन हो
समयोचित खाद, हवा, जल उसे मिलें
अंकुरित हो कुछ ही दिनों में
विशालकाय धारण कर
वट के रूप में अवतार लेता है। पृ. 7

गुरुवर बीज के तरु बनने तक की समस्त स्थितियों का वर्णन करते हैं–

बीज का वपन किया है
जल का वर्षण हुआ है
बीज अंकुरित हुए हैं
और
कुछ ही दिनों में
फसल खड़ी हो जायेगी। पृ. 53

माटी में बोया गया बी
समुचित अनिल-सलिल पा
पोषक तत्त्वों से पृष्ट-पूरित
सहस्रगुणित हो लता है। पृ. 365

उत्तुंग-तम गगन चूमते
तरह-तरह के तरुवर
छत्ता ताने खड़े हैं
श्रम-हारिणी धरती है
हरी-भरी लसती है
धरती पर छाया ने
दरी बिछाई है
फूल-फलों पत्रों से लदे

लघु-गुरु गुल्मगुच्छ
श्रान्त-श्लथ पथिकों को
मुस्कान दान करते-से
आपाद-कण्ठ पादपों से लिपटी
ललित-ललिकाएँ वह। पृ.423

कृषि

भारत कृषि प्रधान देश है प्रथम तीर्थंकर भगवान ऋषभ देव ने प्रजा को कृषि का उपदेश भी दिया था। आचार्य श्री ने मुकमाटी में कृषि को यथासीाव रथान दिया है। कृषि का संदेश व्यापकता से मुखरित है–

बीज का वपन हुआ
जल का वर्षण हुआ
बीज अंकुरित हुए।

और

कुछ ही दिनों में
फसल खड़ी हो लहलहाती। पृ. 53

लेकिन बीजवपन से पूर्व–
बीजारोपण से पूर्व
जल के बहाव से कटी पिटी
छेद-छिद्र गर्त काली धरती में
कूड़ा कचरा कंकर पत्थर डाल
उसे समतली बनाता है कृषक
बिना खाद-डली खेत की अपेक्षा
खाद डली खेत की वह
फसल लहलहाती है
परन्तु
खाद में बीज बोने से पर तो
फसल जलती दहदहाती है।
खाद में बीज बोने पर तो
फसल जलती दहदहाती है

X X X

अनुपात से खाद जल दे दिया खेत को
बीज बिखेर दिये खेत में फिर भी बीज वे अंकुरित नहीं होते
माटी का हाथ उन पर नहीं होने से
इतना ही नहीं
जिन बीजों पर
माटी का भार दबाव बहुत पड़ा हो
वे भी अंकुरित हो
नहीं आ सकते भू पर
दम घुट जाता है उनका
भीतर ही भीतर....

माटी में बोया गया बीज
समुचित अनिल सलिल पा
पोषक तत्वों से पुष्ट पूरित
सहस्रगुणित हो फलता है। पृ. 365

धरती में बीज बोकर हम बार-बार निकालते रहे तो वह कभी भी फलीभूत नहीं हो सकेगा, बीज बोने के बाद उसके अंकुरित होने के लिए अपनी तरह से खाद पानी की व्यवस्था की जा सकती है। प्रतीक रूप से मनुष्य के व्यक्तित्व की आन्तरिक शक्तियां और क्षमताएं तभी सम्मुख आती है जब वह अपने लक्ष्य बीज का वपन करता है–

बिना खाद-डली खेत की अपेक्षा
खाद डली खेत की वह
फसल लहलाती है
परन्तु
खाद में बीज बोने पर तो
फसल जलती दहदहाती है
हों हों...
अनुपात से खाद जल दे दिया खेत को
बीज बिखेर दिये खेत में
फिर बीज वे अंकुरित नहीं होते

माटी का हाथ उन पर नहीं होने से
इतना ही नहीं
जिन बीजों पर
माटी का भार दबाव बहुत पड़ा हो
वे भी अंकुरित हो
नहीं आ सकते भू-पर
दमं घुट जाता है उनका, भीतर ही भीतर। पृ. 153

अशोक वृक्ष, नीम, रसाल आदि अनेक प्रकार के वृक्षों का उल्लेख मूकमाटी में है।

मन्त्र विज्ञान

मन्त्र पूर्णतः ध्वनि विज्ञान पर आधारित है। योग और दूरसंवेदन की भांति आज मन्त्र भी विज्ञान के रूप में मान्यता प्राप्त है। मन्त्र की परिभाषा—"मननात् जायते इति मंत्र' अर्थात् जिसके मनन से जन्म मरण से छुटकारा मिल जाए वह मंत्र है। मन्त्र ध्वनि विज्ञान का एक परमशक्तिशाली आविष्कार है। शब्दों को बीजाक्षरों को सुगठित करके हमारे ऋषि मुनियों हमें ऐसा विज्ञान दिया है जो हमारे दुःख रूपी तालों की 'मास्टर की' है। मूकमाटी में भी नाव के पलटने की दशा में मंत्र ही स्मरण किए जाते हैं—

पल पल लपटन की ओर
नाव की दशा को देखकर
मन ही मन मन्त्र का स्मरण आंतकवाद ने किया
कि देवता दल का आना हुआ
सविनय नमन हुआ सादर सेवार्थ प्रार्थना हुई...

सम्पूर्ण ब्रह्माण्ड अस्तित्व का ऊर्जा स्पन्दन है। जहाँ कहीं भी स्पन्दन है वहाँ ध्वनि है, ध्वनि आकृति के साथ जुड़ी होती है। ध्वनियों के विशेष प्रयोग करने का सम्पूर्ण विज्ञान है जिसमें सही आकार सही रूप बनाया जा सके और मंत्र ध्वनियों को एकत्रित कर ऐसी ही आकृति ऐसा ही रूप निर्मित करते हैं जो हमारी चित्तवृत्ति को शक्ति प्रदान करते हैं। ऋषि मुनि संत साधक मन्त्र सबकी साधना का आधार है। मन्त्रों की महत्ता और उपयोगिता के सूत्र मूकमाटी में भी निहित है—

सिद्ध-मंत्र की महिमा से तन में व्याप्त विष-सम,
सेठ की आकुल व्याकुलता
मिटी चली गई। पृ. 355

आचार्य श्री मंत्रवेत्ता है मंत्रों की शक्ति का उन्हें पूर्ण परिचय है। मंत्रों की साधना और आराधना ही उनकी जीवन चर्या है वह स्वंय णमोकार महामंत्र है। साधु-जीवन ही मंत्रों का मूर्त रूप है।

इसीलिए आचार्य श्री मंत्रों की शक्ति, प्रभाव परिणाम सभी को मूकमाटी में करते हैं–

मंत्र प्रयोग करने वाला
सदाशयी हो या दुराशयी
इसमें कोई नियम नहीं है नियन्त्रित मना हो बस
यह नियम, यही नियोग। पृ. 437

मन्त्र की विशेषता है–

मन्त्र न ही अच्छा होता है
न ही बुरा
अच्छा बुरा तो
अपना मन होता है
स्थिर मन ही वह
महामन्त्र होता है। पृ. 109

मन्त्र में श्रेष्ठ व्यक्ति बनाने की शक्ति होती है–

एक मन्त्र दो इसे
जिससे कि वह
हीरा बने
और खरा कंचन-सा

जल को मंत्र से अभिमिन्त्रित कर जल औषधि बन जाता है। दिव्यता सम्पन्न हो जाता है–

ओंकार के उच्चारण के साथ
शीतल जल करतल से
मन्त्रित करता है अर्न्तजल्प से
मंगल कुशलता को
आमन्त्रित करता है अन्तःकल्प से

मूर्च्छित मंत्रिमण्डल के मुख पर
मन्त्रित जल का सिंचन कर। पृ. 215

आचार्य श्री कहते हैं—मंत्र का परिणाम सामने आता है—

मंत्र प्रयोग के बाद
प्रतीक्षा की आवश्यकता नहीं रहती
हाथों हाथ फल सामने आता है
यह एकाग्रता का परिणाम है। पृ. 437

मंत्र जीवन को हीरा बनाने में सक्षम है—कंकरों के माध्यम से मूकमाटी कहती हैं—

ओ मानातीत मार्दव मूर्ति
माटी माँ
एक मन्त्र दो इसे
जिससे कि यह
हीरा बने
और खरा बने कंचन-सा।

मन्त्रवेत्ता की भी योग्यता बताते हुए कूकमाटी में लिखा है—

मन्त्र प्रयोग करने वाला
सदाशयी हो या दुशशयी
इसमें कोई नियम नहीं है
नियन्त्रित-मना हो बस। पृ. 437

योग विज्ञान

योग सिर्फ व्यायाम भर नहीं है बल्कि विज्ञान पर आधारित शारीरिक क्रिया है, इसमें मस्तिष्क, शरीर और आत्मा का परस्पर मिलन होता है। साथ ही यह मानव व प्रकृति के बीच एक सामंजस्य भी बनाता है, यह जीवन को समुचित जीवन जीने का प्रेरक मार्ग है। गीता में श्रीकृष्ण ने कहा है–**"योगः कर्मसु कौशलम्"** अर्थात् योग से कर्मों में कुशलता आती है।

योग विज्ञान है जीवन जीने की कला है हजारों वर्षों से योगमुद्रा में जैन प्रतिमाएं योगी और योग की महत्ता को प्रतिपादित कर रही हैं। योग सभी प्रकार के भौतिक बन्धनों से मुक्ति का मार्ग है।

आचार्य श्री ने मूकमाटी में योग की महत्ता पर अनेक स्थलों पर प्रकाश डाला है। योग मनुष्य को स्वास्थ बनाते हुए उर्जावान बनाता है। यम, नियम, प्राणायाम, प्रत्याहार धारणा से ही चित्तबुद्धि संभव होती है। अहिंसा, सत्य, संतोष, अचौर्य, ब्रह्मचर्य आदि गुणों से ही व्यावहारिक जीवन सुखद बनता है। योगाभ्यास से विचार भी नियन्त्रित हो जाते हैं योगसूत्र में वर्णित है–

इसी प्रकार ओंकार इतना सर्वव्यापी है कि समस्त मन्त्रों की उत्पत्ति ॐ से ही मानी जाती है। सभी धर्मों में ओम को पवित्र एवं मनस्थैर्य में सहायक माना गया है, धार्मिक एवं आध्यात्मिक दृष्टि से ओम का महत्व है इसमें समस्त ब्रह्माण्ड का सार माना जाता है।

भारतीय संस्कृति में ॐ सभी धर्मों में समाहत बीजाक्षर है। ॐ के पृष्ठ में पृथक पृथक मान्यता पृथक पृथक विश्लेषण हैं। ॐ के पृष्ठ में शास्त्रीय तथा व्यावहारिक कारण है। अनेक रिसर्च पेपर के सारांश यू ट्यूब पर वेबफार्म के रूप में बताते हैं कि 'अ' 'ऊ' 'म' तीनों अक्षरों में उच्चार से कैसे ध्वनि लहरें निर्माण होती हैं।

Reserch Paper

C http://www.youtube.com/watch?V=3 Wagb YYcCKE.

हजारों लाखों वर्षों के अनुसंधान व अनुभव से भारतीय योगियों ने यही बताया है कि ॐ मन्त्र के जाप से मन की एकाग्रता बढ़ती है, मन, शान्ति मिलती है और हर प्रकार के तनाव से मुक्ति मिलती है। एक रिसर्च पेपर में कहा गया है कि–

In the sense Om mantra is a brain stablizer, by practicing it one can enter deeper and deeper into the own natural state, which is also an energy medicine for human being under stress.

Reserch Paper

http://Paper.ijcsns.org/0>book/20090151.Pdf

हाल ही एक रिसर्च से सिद्ध हुआ है कि ॐ के जाप से ब्लड प्रेशर तो कम हुआ ही हृदय रोग भी ठीक हो गया–

Chants Could be a fine thing : It may Should daft but meditation really can power blood pressure

By Nick Harding

UPDATED : 0 : 49GMT 22 March 2010

ओम के विषय में अनेक शोध हुई हैं, हो रही हैं सभी ओम के महत्त्व को अंगीकार करते हैं।

आचार्य श्री कहते है–ध्यान की बात करना और ध्यान से बात करना

इन दोनों में बहुत अंतर है। ध्यान के केन्द्र खोलने मात्र से ध्यान में केन्द्रित होगा अन्यथा नहीं कुलाल के चाक द्वारा मिट्टी का आकार ग्रहण करना भी स्वयं में ध्यान है, एकाग्रता है, साधना है, योग है।

प्रत्येक स्वस्तिक के मस्तक पर
चन्द बिन्दु समेत ओंकर लिखा गया
योग एवं उपयोग की स्थिरता हेतु
योगियों का ध्यान
प्रायः इसी पर टिकता है। पृ. 309

उदाहरणार्थ–तेजी से चलते हुए चाक को ध्यान से देखने पर हमें मात्र एक बिन्दु दिखाई पड़ता है जो हमारे मन व मस्तिष्क को एक स्थान पर केन्द्रित करने में सक्षम है। इसलिए कवि ने कुंभ बनने की प्रक्रिया में योगस्थ होने की इस क्रिया को अनदेखा नहीं किया।

वह भी पूरी शक्ति लगाकर नाक से
पूरक आयाम के माध्यम से
उदर में घूम को पूर कर
कुम्भ ने कुम्भक प्राणायाम किया
जो ध्यान की सिद्धि में साधकतम है
निरोग योग-तरु का मूल है।

शिल्पी भी ओंकार को अपने अहंकार के वमन के लिए नमन करता है—

हाँ अब शिल्पी ने
कार्य की शुरुआत में
ओंकार को नमन किया
और उसने
पहले से ही
अहंकार का वमन किया। पृ. 215

कुम्भकार ओंकार के उच्चारण से जय मन्त्रित करता है—

ओंकार के उच्चारण के साथ
शीतल जल करतल से
मन्त्रित करता है अन्तर्जल्प से
मंगल कुशलता को। पृ. 215

x x x

अब वह...
भोग भक्ति से ऊब गया है
योग भक्ति में डूब गया है
अक्षरों के सूक्ष्म स्पन्दन से
अनुमान झलकने लगा कि
ओंकार पद के उच्चारण का
उद्यम उत्साहित हो रहा है
वैसे
त्रिभुवन जेता, त्रिभुवन-पाल
ओंकार का उपासन

भीतर ही भीतर चल रहा है
जो सुदीर्घ साधना का फल है। पृ. 401

मूकमाटीकार कहते हैं कि स्वकेन्द्रीकरण से ही जीवन सुखी होता है—यह योग से ही संभव है—जीवन केन्द्र में रमण मानव चेतना की विश्रन्ति की प्राप्ति नहीं होती—

परिधि में भ्रमण होता है
जीवन यूं ही गुजर जाता है
केन्द्र में रमण होता है
जीवन सुखी नजर आता है— पृ. 162

योगी अनुकल प्रतिकूल सभी को साक्षी भाव से देखता है—वे कुंभ के माध्यम से कहते है—

कुम्भ के मुख पर भीति की लहर वैषम्य नहीं है सहज साक्षी भाव से—पृ. 251

पुरावाक् स्वयं भी बैखरी, मध्यमा पश्यन्ती से आगे आने वाली परम स्थिति है जिसे वीणा या सितार की झंकार में अन्तिम एकरूपता की स्थिति कहा जाता है। उस स्थिति में राग संगीत की कोई अपेक्षा नहीं रहती स्वयं मैं ही स्वयं की संगति होने लगती है।

पुरा वाक् की परम्परा
पुरा अश्रुता रही अपरिचिता
लौकिक शास्त्रानुसार
वह यौगिगम्या मानी है
मूलोद्गमा हो, उध्वनिना
नाभि तक यात्रा होती है उसकी
पवन संचालिता जो रही
फिर वही
नाभि की परिक्रमा करती
पश्यन्ती के रूप में उभरती है। पृ. 401

आचार्य श्री कहते हैं—

स्वस्थ ज्ञान ही अध्यात्म है
अनेक संकलप-विकल्पों में

व्यस्त जीवन दर्शन होता है
बर्हिमुखी या बहुमुखी प्रतिभा
दर्शन का पान करती है
अर्न्तमुखी, बन्दमुखी चिदाभा
निरंजन का गान करती है–

ध्येय के प्रति सचेष्ट करते हुए आचार्य श्री कहते हैं–

ध्येय यदि चंचल होगा तो
कुशल ध्याता का शान्त मन भी
चंचल हो उठेगा ही। पृ. 369

आचार्य श्री योग को ही आरोग्य का आधार कहते हैं–

तात्कालिक तन-विषयक रोग ही क्या
चिरन्तन चेतन गत रोग भी
जनन-जरन-मरण रूप हैं
नव दो ग्यारह हो जाते हैं पल में
श, स, ष
ये तीन बीजाक्षर हैं
इनसे ही फूलता-फलता है वह
आरोग्य का विशाल-काय वृक्ष
इनके उच्चारण के समय
पूरी शक्ति लगाकर
श्वास को भीतर ग्रहण करना है
और
नासिका से निकालना है
ओंकार ध्वनि के रूप में। पृ. 397

हाथ के दोनों अंगुष्ठों में
दोनों तर्जनियों में
पूरी शक्ति लाकर
केन्द्रित करता है यह
श्वास रुकता है वह

बाहर का भीतर, भीतर का भीतर
लो! कुम्भक प्राणायाम
अपने आप घटित हुआ

इसलिए जीवन में योग का परमस्थान है और उसे परमास्थान देना भी चाहिए–

योग के काल में
भोग का होना
रोग का कारण है।
और भोग के काल में
रोग का होना
शोक का कारण है। पृ. 407

योग आत्मा को परमात्मा से जोड़ने का विज्ञान है। प्राणायाम के माध्यम से अपने प्राण को अनन्त के महाप्राण से जोड़ना ही योग है।

शकुन विज्ञान

शकुन को ज्योतिष शास्त्र 'संहिता-स्कन्ध' के अन्तर्गत माना जाता है, शकुन को निमित्त शास्त्र भी कहा गया है, शकुन भविष्य में घटित होने वाली घटनाओं का पूर्णभास होता है, शकुन विचार पशु, पक्षी, जीव जन्तु, स्वप्न, अंग-स्फुरण, नेत्र-स्फुरण, तिल, नाखून, स्वरोदय आदि से किए जाते हैं। शकुन वे शुभ या अशुभ चिह्न या संकेत हैं जो किसी कार्य के संबंध में शुभ अथवा अशुभ सूचना देते हैं। शकुनों की सार्थकता में आज का बुद्धिजीवी मानव विश्वास नहीं कर पा रहा है और उन्हें व्यर्थ का मनोविकार बता रहा है। कुछ लोग सार्थकता और निरर्थकता के बीच मध्यमार्ग का अनुसरण कर रहे हैं। अनेक व्यक्ति शकुनों पर विश्वास न करके उन्हें मानते अवश्य हैं। शकुनों की भी एक तालिका मिलती है। प्रश्न यह है कि एक ही शकुन का फल किसी के मत में शुभ और दूसरे के मत में अशुभ है। इसमें अनेक कारण परिलक्षित होते हैं–जैसे–अनुभव की विपरीतता, देशकाल का प्रभाव, मनुष्य की अर्जित आत्मशक्ति की सबलता-निर्बलता आदि।

शकुन के प्रकार में किंचित अन्तर आदि से परिवर्तन आता है जैसे बिल्ली रास्ता काट जाए तो हम अशुभ मानते हैं लेकिन साइप्रस में मैंने देखा बिल्लियों को अति शुभ माना जाता है और काली बिल्ली तो और भी ज्यादा शुभ। कुछ भी हो, सम्पूर्ण विश्व में शकुनों की अवधारणा है।

मूकमाटी में भी हमें शकुनों की छटा दिखाई पड़ती है–

बायें हिरण
दायें जाय
लंका जीत
राम घर आये। पृ. 25

विस्फारित नेत्रों वाले मृग को छलांगे मारकर पथ को लांघता हुआ देख माटी को मंगल घटना की सूचना का अनुभव हो जाता है। वह आश्वस्त हो जाती है कि अब उसके जीवन में शुरू घटना घटने वाली है।

पशुओं में मृग के साथ-साथ हाथी, घोड़े, गाय, कुत्ता, बिल्ली, लोमड़ी, नेवला, सर्प, श्रृगाल, बैल, लोमड़ी आदि से भी शकुन विचार किया जाता है काली बिल्ली का दिखना, बिल्ली का रास्ता काटना प्राचीन शकुन विचार है।

शकुन के फल परिवर्तन में देश काल का भी प्रभाव पड़ सकता है जिस स्थान पर कौए अधिक हों और वहां आए दिन चाहे जिस घर पर बैठकर काँव काँव करने लगे तो वह शकुन व्यर्थ ही होगा। यदि ऐसे स्थान में चाहे जब कौआ घर पर बैठता हो और इसी बीच में किसी दिन घर में कोई मेहमान आ जाएँ तो उसमें कौए बोलने का कोई सम्बन्ध जुड़ नहीं सकता।

बुजुर्गों का कहना है जो कौआ सुबह-सुबह आकर काँव काँव करे तो मेहमान की सूचना होती है और वही यदि संध्या को बोले तो अपशकुन होता है इसलिए इसमें भी देश काल की भूमिका होती है।

यात्रा में शकुन-अपशकुन का विचार बहुत महत्वपूर्ण माना गया है। छींक शकुन अत्यन्त महत्वपूर्ण एवं प्राचीन विचार है। छिपकली का शरीर पर गिरना अशुभ है।

मूकमाटी में अपशकुन का भी उदाहरण है
रावण की भांति चीखना
मेघों का रोना वह
अपशकुन सिद्ध हुआ
सागर के लिए। पृ. 247

शकुन विज्ञान एक लोकोपयोगी विज्ञान है। पुराणों में शकुन-अपशकुनों के अनेक प्रसंग हैं। खोई वस्तु के लिए व्यक्ति से प्रथम बार मिलने पर, युद्ध प्रारम्भ से पूर्व, गृह प्रवेश के समय, यात्रा पर जाते समय, उच्चाधिकारी, सरकारी अधिकारी, राजा से मिलते समय विशेष रूप से शकुन-अपशकुन देखा जाता रहा है। यह जीवन से जुड़ा विज्ञान है।

स्वप्न विज्ञान

विज्ञान में स्वप्न का अध्ययन ओनाइरोलाजी शाखा के अर्न्तत किया जाता है। विज्ञान के अनुसार स्वप्न तब आते हैं जब हमारी नींद में हमारी आँखों का संचालन तीव्र होता है इसे हम रैपिड आई मूवमेंट या आर ई एम के नाम से भी जानते हैं, स्वप्न पर तमाम अध्ययनों के अनन्तर भी इसके विषय और उद्देश्य को लेकर वैज्ञानिक एकमत कहीं नहीं हैं फिर भी इसकी महत्ता सांस्कृतिक, दार्शनिक, धार्मिक और मनोवैज्ञानिक स्वास्थ्य से जुड़ी हुई है।

स्वप्न विज्ञान की व्याख्या में आस्ट्रियन न्यूरोलोजिस्ट और मनोविश्लेषण सिग्मंड फ्रायड बहुत प्रसिद्ध है। उन्होंने कई पुस्तकें भी लिखी हैं जिसमे इंटरप्रिटेशन ऑफ ड्रीम्स' प्रसिद्ध है। उनके अनुसार स्वप्न मनुष्य की उन गहरी इच्छाओं और चिन्ताओं की अभिव्यक्ति है जो अक्सर बाल्यावस्था के दौरान संग्रहीत यादों और जुनून से सम्बन्धित होती हैं और उनका दमन हो जाता है। उन्होंने स्वप्न में दिखाई देने वाले प्रतीकों और आदर्शों को समझने के लिए दिशानिर्देश लिखे और उनकी श्रृंखला तैयार की जो व्यक्ति स्वप्नानुभव करते हैं उनके लाभ के बारे में डा. फ्रायड ने अत्यन्त महत्वपूर्ण बात कही है कि **स्वप्न मानसिक प्रतिगमन का परिणाम है, स्वप्न मनुष्य के आंतरिक मन की कुंजी है।**

मनोवैज्ञानिक भी काफी समय से इस गुत्थी को सुलझाने में लगे हैं। आखिर स्वप्न है क्या? इनका विश्लेषण कैसे किया जाये? अनेक देशों में इस पर शोध कार्य चल रहा है। प्रकाण्ड ज्योर्तिवद पण्डित आदि भी स्वप्न की गुत्थी सुलझाने में संलग्न हैं।

स्वप्न क्या है? यथार्थ, रहस्य, विज्ञान, कला, संचार, मन की उधेड़बुन, अतृप्त इच्छाओं से उपजी एक नयी कृति या फिर कुछ और हम सभी अपने जीवन में कभी न कभी या सामान्य रूप से स्वप्न का अनुभव करते हैं, कई बार स्वप्न

जागती आँखों के साथ विलुप्त हो जाते हैं और कभी कई कई दिन तक याद रहते हैं। स्वप्न के विषय विश्व के अलग-अलग देशों में अलग-अलग मान्यताएं हैं, सभी धर्मग्रन्थों में विभिन्न प्रसंगों में स्वप्नों का वर्णन है।

स्वप्नों को कागज पर लिखने का प्रचलन लगभग 2000 हजार ई. पूर्व मिश्र में शुरू हुआ। मिस्रवासी उन लोगों को विशेष मानते थे जो ज्वलंत और महत्त्वपूर्ण सपने देखते थे, उनका मानना था कि स्वप्न उन वाक्यों की तरह है जिसमें देवताओं के सन्देश निहित हैं।

उपनिषदों एवं अन्य भारतीय धर्मग्रंथों में भी स्वप्न की व्याख्या आध्यात्मिक, दार्शनिक और वैज्ञानिक रूप से की गई। उपनिषदों में गुरु और शिष्यों के मध्य गूढ़ और तार्किक संवाद है।

माण्डूक्योपनिषद में अंतर्मन की चार अवस्थाओं के विषय में लिखा है जाग्रत, स्वप्न, सुषप्ति और तुरीय।

स्वप्नदृष्टि पर मत्स्यपुराण, अग्निपुराण का भी नाम आता है। जैन बौद्ध ग्रन्थों में भी स्वप्न चर्चा है। निमित्त ज्ञान में स्वप्न भी सम्मिलित है।

स्वप्न और निद्रा आपस में जुड़े हुए हैं। स्वप्न छवियों, विचारों, भावनाओं और संवेदनाओं का क्रम है जो सामान्यतः नींद के कुछ चरणों के मध्य मन में अनैच्छिक रूप से घटित होता है। दिन में स्वप्न देखना दिवास्वप्न होते हैं जो कल्पना है स्वप्न रात को गहरी नींद में ही दिखाई देते हैं। महापुरुषों की माताओं ने गर्भ में आने से पूर्व ही सपने देखे थे। जिनका शुभाशुभ फल स्वप्नवेत्ताओं ने बताए भी थे, सिगमंड फ्रायड ने अपनी पुस्तक 'Interpretation of Dreams' में यह बताने की चेष्टा की थी जिन स्वप्नों को हम निरर्थक समझते हैं। उनके विशेष अर्थ होते हैं उन्होंने स्वप्नों के विषय में विस्तार से लिखा है–आचार्य श्री कहते हैं– ..... **जब चाहें मन चाहे स्वप्न नहीं दिखते हैं**?

स्वप्न की बहुत सुन्दर शाब्दिक व्याख्या दृष्टव्य है–

स्वप्न गहरी नींद में ही दिखाई देते हैं–
कुम्भकार की गहरी निद्रा टूट गई
और वह
स्वप्न की मुद्रा छूट गई। पृ. 293

स्वप्न स्वयं दिखते हैं हम चाहे कि हमें मनचाहे स्वप्न दिखाई दें कहते हैं ऐसा नहीं होता–

जब चाहे मनचाहे
स्वप्न कहाँ दिखते हैं। पृ. 293

मूकमाटी कहती है–

स्वप्न स्वप्न होते हैं
इन पर अधिक विश्वास मत करो–
प्रायः स्वप्न निष्फल ही होते हैं
इन पर अधिक विश्वास हानिकारक है। पृ. 293

स्वप्न का अर्थ बताते हुए गुरुदेव कहते हैं–

'स्व' यानी अपना
'प' यानी पालन-संरक्षण
और
'न' यानी नहीं
जो निजी भाव का रक्षण नहीं कर सकता
वह औरों को क्या सहयोग देगा?
अतीत से जुड़ा/मीत से मुड़ा
बहु उलझनों में उलझा मन ही
स्वप्न माना जाता है
जागृति के सूत्र छूटते हैं स्वप्न दशा में
आत्मसाक्षात्कार संभव नहीं तब। पृ. 295

वस्तुतः स्वप्न भविष्य का सूचक है क्योंकि सुषुप्त अवस्था में भी आत्मा तो जागृत ही रहती है केवल इन्द्रियां और मन की शक्तियां विश्राम करने के लिए सुषुप्त सी हो जाती है। अतः ज्ञान की मात्रा की उज्जवलता से निद्रित अवस्था में जो कुछ देखते हैं। उसका सम्बन्ध हमारे भूत भविष्य और वर्तमान का सूचक बताया है।। (भद्रबाहु संहिता पृ.10)

आचार्य श्री ने स्वप्न की प्रकृति, स्वप्न के अर्थ की रोचक व मनोवैज्ञानिक व्याख्या की हैं–

अतीत से जुड़ा
मीत से मुद्रा

बहु उलझनों से उलझा मन ही
स्वप्न माना जाता है। पृ. 295

स्वप्न के फल भी निष्फल हो जाते हैं–

इन कानों ने, आँखों ने
और हाथों ने
सुने, देखे, हुए थे स्वप्न में
अक्षरशः स्वप्न असत्य निकला
स्वप्न का घातक फल टला। पृ. 296

अतः स्वप्न का भी अपना रोचक संसार है। हमारा मन सपनों के माध्यम से अतीत और पूरे दिन को संसाधित करने की कोशित करता है और इसलिए हम अपने सपनों को जाग्रत जीवन के समान पाते हैं।

गणित

मानव जाति की उन्नति तथा सभ्यता के विकास में गणित का महत्त्वपूर्ण योगदान रहा, गणित तथा मानव का सम्बन्ध आदिकाल से रहा है, मानव जीवन की समस्याओं को हल करने में इस विषय ने अनेक प्रकार से सहयोग दियाः प्रथम तीर्थंकर ऋषभदेव ने अपनी पुत्री सुन्दरी को भाषा ज्ञान देने के साथ-साथ दूसरी पुत्री सुन्दरी को गणित का व्यवस्थित ज्ञान दिया, इससे भी जीवन में गणित की महत्ता रूपायित होती है। आचार्य श्री द्वादशांग वाणी के पारगामी विद्वान है। चारों अनुयोगों पर उनका विशेषाधिकार है–गणित करण का विषय है। अतः आचार्य श्री तो गणित की सूक्ष्मता से अनभिज्ञ नहीं है उन्होंने संख्याओं के माध्यम से अध्यात्मिक और दार्शनिक चिन्तन प्रस्तुत किया है। गणित के महत्व को इंगित करने वाला एक श्लोक प्राचीन काल से ही प्रचलित है–

यथा शिखा मयूराणां नागानां मणयो यथा
तद्वद् वेदांग शास्त्राणां गणितं मूर्धनिस्थितम्।।

वेदांग ज्योतिष, याजुष–4

अर्थात्–मोरों में शिखा और नागों में मणि सबसे ऊपर रहती है उसी प्रकार वेदांग और शास्त्रों में गणित सर्वोच्च स्थान पर स्थित है।

देश विदेश के सभी विद्वान स्वीकारते हैं कि गणित दशमलव पद्धति, शून्य आदि का प्रचार-प्रसार भारत में तथा भारत से विदेशों में हुआ। आचार्य वीरसेन स्वामी ने कहा कि जो विषय गणित से सिद्ध नहीं होता वह यथार्थ नहीं है। आधुनिक विज्ञान इन्जीनियरिंग, प्रौद्योगिकी, अन्तरिक्ष यात्रा में भी गणित (प्रमेय= प्र+मेय अर्थात् प्रकृष्ट माप) का बहुत महत्त्व है व्यापार से लेकर अध्यात्म धरा से लेकर आकाश तक सर्वत्र गणित का महत्त्व है।

प्रथम सदी ई.पू. में शासन करने वाले कलिंगराज खारवेल के हाथी गुफा अभिलेख में कहा गया है कि राजकुमार के रूप में खारवेल को रूप लेख और व्यवहार विधि के साथ ही गणित की भी शिक्षा प्रदान की गई थी।

(सरकार डी.सी. सेलेक्ट इनसक्रीपशंस रूपलेख गणना व्यवहार विशारदेन)

गणित में केवल अंकगणित या बीजगणित का प्रचलन भारतवर्ष में व्यापार गृहकार्य में नहीं होता था अपितु इसके साथ-साथ रेखागणित में भी होता था लौकिक से आध्यात्मिक अणु से ब्रह्माण्ड में गणित की महत्ता निहित है।

कौटिल्य के अर्थशास्त्र में यह बात प्रमाणित है कि राजकुमारों को सबसे पहले लिपि ओर अंकगणित की शिक्षा देनी चाहिए (लिपि संख्यान च गुंजेत।) अर्थशास्त्र की विद्याओं में अन्वीक्षिकी वार्ताक गयी वार्ता में व्यापार और वाणिज्य को प्रमुखता प्राप्त थी, बड़े व्यापारियों को भी अपने आय-व्यय का विवरण रखने के लिए कुशल गणकों की आवश्यकता होती थी।

सृष्टि की प्रत्येक वस्तु में गति है और गति का सम्बन्ध गणना से है। गति की निरन्तरता का नाम 'समय' है और गति का चतुर्दिक प्रसार ही 'स्थान' है, इसके लिए गणित की ही आवश्यकता होती है। गणित को विज्ञान की आधारशिला कहा जाता है।

मूकमाटीकार कुंभ पर संख्या आभरण सी यूं ही नहीं लगती। जब मिट्टी कुंभ बनने के बाद मूल्यवती हो गयी है। तब उस पर लिखी संख्या उसकी मूल्यवत्ता की परिचायक है। साथ ही संख्याओं को प्रतीक रूप में प्रयुक्त कर जीवन दर्शन की अभिव्यक्ति में भी सहयोगी है। 3 और 6 इन दोनों संख्या का जोड़, घटा, गुणनफल सब उस उत्कृष्टता की ओर ले जाता है जो अनन्त है। **गुरुवर ने 36 से विरोध 63 से पूज्यता और 363 से मतों की संख्या से संसार के विषमता, पूज्यता एवं परिभ्रमण के कारण को मूल से समझा दिया।** मैंने चिन्तन किया कि इन संख्याओं में सम्पूर्ण महावीर दर्शन है। महावीर ने ही मारीचि की पर्याय में 363 मतों का प्रतिपादन किया। 36 बनकर विरोध किया लेकिन अन्त में 6 द्रव्यों को जाना 3 रत्न धारण किए और 63 शलाका पुरुषों में स्थान प्राप्त किया।

धन्य है मूकमाटी में अन्तर्निहित तत्त्वों को समाविष्ट करने वाली लेखनी। मूकमाटी का गणित विलक्षण है। नौ अंक और शून्य के संयोग से अनंत गणनाएं करने की सामर्थ्य और उसके वैज्ञानिक विकास में महत्वपूर्ण भूमिका की वर्तमान युग के वैज्ञानिक 'लाप्लास' एवं अल्बर्ट आइंसटीन ने मुक्त कण्ठ से प्रशंसा की है।

गणित एकता, सार्वभौमिकता, शाश्वतता एवं समरसता का सबसे बड़ा उदाहरण है भाषा कुछ भी हो, शब्द नाम और अंक कुछ भी हो लेकिन गिनती जोड़ परिणाम संसार भर के लिए एक ही होते हैं।

भारत में गणित का ज्ञान अतिप्राचीन काल से है, अरबों, खरबों वर्ष पूर्व... तीर्थंकर ऋषभदेव ने अपनी पुत्री सुन्दरी को गणित विद्या का ज्ञान कराया था, तिलोयपण्णत्ति अनुयोग द्वार जैसे ग्रंथों में सर्वप्रथम असंख्य संख्या (इनफिनिटी) का वर्णन प्राप्त होता है। भास्कराचार्य, श्रीधराचार्य, आर्यभट्ट, ब्रह्मगुप्त आदि गणितज्ञों ने बीजगणित में बहुत दक्षता प्राप्त की थी। ब्रह्मगुप्त द्वारा समीकरण का हल प्रस्तुत करना बहुत बड़ी सफलता थी, वेदांग साहित्य में ज्यामिति का वर्णन है, दाशामिक पद्धति का आविष्कार भारत में हुआ। यजुर्वेद में भी 10 खरब तक की संख्याओं का वर्णन है।

आर्यभट्ट पहले वैज्ञानिक हैं जिन्होंने अपने ज्योतिष गणित में अंकगणित और रेखागणित में प्रश्नों का समावेश किया था। जैनाचार्य श्री श्रीधर की रचना त्रिशतिका एवं श्रीमहावीराचार्य का गणितसार-संग्रह गणित के क्षेत्र में प्रमुख ग्रंथ है।

मूकमाटी में रेखागणित–

त्रिकोण चतुष्कोण वाले,
तथा पंच पहलू वाले भिन्न-भिन्न भार वाले,
भिन्न-भिन्न आकार वाले। पृ. 248

99 और 9 की संख्याएँ
जो कुम्भ के कर्ण स्थान पर
आभरण सी लगती है अंकित हैं
अपना अपना परिचय दे रही हैं।
99 की संख्या को
दो आदि संख्याओं से गुणित करने पर
भले ही संख्या बढ़ती जाती उत्तरोत्तर
परन्तु
लब्ध संख्या को परस्पर मिलाने से
नौ की संख्या शेष रह जाती है। पृ. 166

कुम्भ के कण्ठ पर
एक संख्या और अंकित है

वह है 63।

63 का विलोम परिणमन होता है
यानी 36 का आगमन होता है
36 के आगे
एक और तीन की संख्या जुड़ जाती है
कुल मिलाकर
तीन सौ तिरसठ मतों का उद्भव होता है। पृ. 168

संख्याओं की शाश्वत, अक्षय, अजर अमर अविनाशी शक्तियों को कवि ने पहचाना है–

यही कारण है–

99 वह
विघ्न माया छलना है
क्षय स्वभाव वाली है
और
अनात्म-तत्त्व की उद्योतिनी है
और 9 की संख्या यह
सघन छाया है
पलना है जीवन जिसमें पलता है
अक्षय स्वभाव वाली है
अजर अमर अविनाशी
आत्म तत्त्व की उद्बोधिनी है। पृ. 167

9 के माध्यम से ही एक आध्यात्मिक संदेश भी कवि से मिल जाता है–

संसार 99 का चक्कर है
यह कहावत चरितार्थ होती है
इसीलिए
भाविक मुमुक्षओं की दृष्टि में
99 हेय हो और
ध्येय हो 9
नवजीवन का स्रोत। पृ. 167

इसीलिए मूकमाटीकार कहते हैं—संख्याओं का गणित बड़ा चित्रित है। इनका क्रम, व्यतिक्रम सारा ही चक्र बदल जाता है—

तीन और छह इन दोनों की दिशा
एक दूसरे के विपरीत है
विचारों की विकृति ही
आचारों की प्रकृति को
उलटी करवट दिलाती है।

रेखागणित से भी आचार्य श्री अनभिज्ञ नहीं—

परिधि में भ्रमण होता है
जीवन यूं ही गुजर जाता है
केन्द्र में रमण होता है
जीवन सुखी नजर आता है पृ. 162

परिधि की ओर देखने से
चेतन का पतन होता है
और
परम केन्द्र की ओर देखने से
चेतन का जतन होता है। पृ. 162

खगोल विज्ञान

खगोल विज्ञान ब्रह्माण्ड का वह विज्ञान है जिसमें सूर्य, ग्रहों, सितारों, उल्काओं, पिण्डों, नक्षत्रों, आकाश गंगाओं तथा उपग्रहों की गति, प्रकृति, नियम, संगठन तथा भविष्य का अध्ययन किया जाता है।

प्रभाकर सुन!
भले ही गगनमणि कहलाता है तू
सौरमण्डल देवता ग्रह
ग्रह गणों में अग्र
तुझमें व्यग्रता की सीमा दिखती है। पृ. 231

जैन, जैनेतर ग्रंथों में खगोल विज्ञान का विशद वर्णन है—भारत में खगोल विज्ञान का उद्भव वेदों से माना जाता है, वेदांग साहित्य में ज्योतिष का प्रयोग खगोल विज्ञान के सिद्धान्त पर ही आधारित था। प्रसिद्ध जर्मन खगोल वैज्ञानिक कोपरनिक्स से पूर्व भारतीय वैज्ञानिक आर्यभट्ट ने पृथ्वी की गोल आकृति और अपनी धुरी पर चक्कर लगाने के सिद्धान्त को बता दिया था। सर आइजक-पूरन से पूर्व ब्रह्मगुप्त ने पृथ्वी के गुरुत्वाकर्षण सिद्धान्त की पुष्टि कर दी थी। जैन ग्रंथों में भी खगोलीय ज्ञान का विशद वर्णन है—आचार्य श्री ने भी ग्रंथों के अनुरूप नक्षत्रों, ग्रहों की स्थिति और क्रियाओं का वर्णन किया है।

आचार्य श्री का खगोल ग्रह नक्षत्र सम्बन्धी ज्ञान मूकमाटी में प्रतिबिम्बित है।

सूर्यग्रहण का जीवन्त चित्र-राहु के गाल में समाहित हुआ
भास्कर दिनकर तिरोहित हुआ...
सो दिन का अवसान-सा लगता है
दिखने लगा दीन-हीन
दिन दुर्दिन से घिरा दरिद्र गृही-सा। पृ. 28

चन्द्रमण्डल को देखते ही
नभ-मण्डल भी दीखता है
ग्रह नक्षत्र ताराओं समेत
रवि और शशि
मेरुपर्वत की प्रदक्षिणा दे रहे हैं — पृ. 323

चन्द्रमा के निर्देशन में
जलतत्व वह अति तेजी से
शतरंज की चाल चलने लगा
यदा कदा स्वल्प वर्षा करके
दल दल पैदा करने लगा धरती पर। — पृ. 196

कभी कराल काला राहु
प्रभापुंज भानु को भी
पूरा निगलता हुआ दिखा। — पृ. 182

प्रभाकर की उद्दण्डता कब तक चलेगी
सौर मण्डल की शालीनता को
लीलता जा रहा है वह! — पृ. 235

राहु में राशि मिलती देख
राहु गुमराह सा हो गया
हाय! खेद की बात है
राहु की राह ही बदल गयी। — पृ. 235

गुरुवर...कहते हैं–

राहु का सर भर गया
विष-विषम पाप-निधि से
यानी
अस्पर्श्य निधि के स्पर्शन से
राहु इतना काला हो गया कि
वह दुर्दश्य हो गया पापा शाला
क्षीणतम सुकृतवाला

दृश्य नहीं रहा दर्शकों के
स्पर्श्य नहीं रहा स्पर्शकों के। पृ. 236

ब्रह्माण्ड का वर्णन करते हुए
ग्रह नक्षत्र ताराओं समेत
रवि और शशि
मेरु पर्वत की प्रदक्षिणा दे रहे हैं। पृ. 323

आचार्य श्री केवल दर्शन और आध्यात्मिक जगत तक ही सीमित नहीं हैं, वे विज्ञान जगत से भी सुपरिचित हैं। आणविक युद्ध की कल्पना-मात्र से हम सिहर उठते हैं। विश्व युद्धों का दुष्परिणाम आज तक पीढियाँ झेल रही है और तब इतने घातक आणविक हथियार नहीं थे आज तो विश्व की महान शक्तियाँ प्रक्षेपास्त्र की प्रतिस्पर्द्धा में जुटी हुई है 'स्टार वार' के सपने देख रहे हैं कवि ने उपलदृष्टि का विम्लात्मक वर्णन किया।

गोल गोल सुडौल ओले
क्या कह क्या बोले
जहां देखो वहां ओले
सौर मण्डल भर गया। पृ. 248

अब ऊपर से हुई ओलावृष्टि से आहत हुई भूकण पूरी शक्ति से टक्कर लेना आरम्भ करते है वे उछलते है जिस प्रकार प्रक्षेपास्त्र उपग्रहों को अन्तरिक्ष में उछाल देता है उसी प्रकार–

प्रतिकार के रूप में
अपने बल का परिचय देते हुए
उछाल दिया शून्य में
बहुत दूर
धरती के कक्ष के बाहर
आर्यभट्ट रोहिणी आदिक।
उपग्रहों को उछाल देता है
यथा प्रक्षेपात्र। पृ. 250

ओलों और भूकम्पों का यह युद्ध कृतिकार को स्टार बार से कम नहीं लगता–यह घटना क्रम।

घण्टों तक चलता रहा....लगातार
इसके सामने स्टार वार
जो इन दिनों चर्चा का विषय बना है
विशेष महत्त्व नहीं रखता। पृ. 251

मृदुता का मोहक स्पर्शन
यह एक ऐसा
मौलिक और अलौकिक
अमूर्त दश्यक काव्य का
श्राव्य का सृजन हुआ।

मनोविज्ञान

आचार्य श्री अन्तर्दृष्टा, दीर्घद्रष्टा व युग द्रष्टा है उन्होंने साधना एवं ज्ञान के चिन्तन रस से सिंचित मनोवैज्ञानिक विचार बिन्दुओं के आलोक में मानव वृत्ति एवं विकास के विविध रूपों का परिदर्शन कराते हुए कुशलतापूर्वक मानव जीवन के परमलक्ष्य का प्रतिपादन किया है।

मनोविज्ञान का अध्ययन क्षेत्र काफी व्यापक है—मानव जीवन के प्रत्येक क्षेत्र, परिवार, मित्र, पड़ौस, स्कूल, कार्यस्थल, अनेक प्रकार के समूह, मनोरंजनस्थल, बाजार, क्रीडास्थल, व्यापार, लेन-देन आदि प्रत्येक क्षेत्र में मनुष्य की मानसिक व शारीरिक क्रियाओं का विवेचन मनोविज्ञान में सम्मिलित है। अस्तु, मनोविज्ञान का क्षेत्र विविध होने के साथ-साथ व्यापक अर्थात् काफी विस्तृत भी है, मनोविज्ञान एक ऐसा विज्ञान है जो वातावरण के साथ सर्वांगीण समायोजन से सम्बन्धित प्राणी की अनुभूतियों और व्यवहारों का अध्ययन करता है।

(Psychology is a positive Science of experience and behaviour in relation to overall adjustment of the organism to environment).

भारतीय मनोविज्ञान कभी भी ज्ञान की स्वतन्त्र शाखा नहीं रहा अपितु दर्शन शास्त्र की ही एक शाखा के रूप में विकसित हुआ है। प्राचीन भारतीय ऋषि आध्यात्मिक साधना में होने वाले विभिन्न अनुभवों पर चिन्तन करते समय मनोवैज्ञानिक समस्याओं को सुलझाते थे और मनोवैज्ञानिक अवस्थाओं पर विचार करते थे। समाधि की अवस्था जो कि भारतीय दर्शन में आध्यात्मिक साधना में सर्वोच्च अवस्था मानी जाती रही है, मनोवैज्ञानिक चिन्तन का विशेष विषय रहा है। मूकमाटी में भी मनोवैज्ञानिक स्वीकृत तत्त्व परिपुष्ट हुए हैं। भारतीय साधकों ने आध्यात्मिक साधना में मन की चंचलता को सबसे अधिक बाधक पाया। अतिप्राचीन काल में ही यह अनुभव होता रहा, इसलिए मन की प्रकृति

और उसके नियन्त्रण के उपायों पर विस्तारपूर्वक चिन्तन किया गया। भारतीय ऋषि श्रमण परम्परा के भास्वर रत्न आचार्य श्री ने भी मिट्‌टी की मंगलकलश यात्रा के मार्ग में अनेक स्थलों पर मनोवैज्ञानिक रूप से समस्याओं का समाधान कर चिन्तन बिन्दु दिये हैं–

जब व्यक्ति स्वार्थी, अहंकारी एवं स्वकेन्द्रित हो जाता है तब मनुष्य का वाह्य संघर्ष मानसिक संघर्ष का रूप भी ले लेता है। जब अहमृग्रस्त मानव अपनी महत्वाकांक्षाएँ पूर्ण नहीं कर पाता तब वह दोहरा जीवन जीने लगता है। आत्महीनता से ग्रस्त होकर अस्तित्व की रक्षा में विसंगतियों और विद्रूपताओं का शिकार हो जाता है। छलछलावा से कुण्ठित होकर तनाव, दमन, स्नायु विकृतियों का शिकार बन जाता है। मानसिक रोगों के साथ-साथ शारीरिक ऊर्जा भी क्षय हो जाती है। इस व्यावहारिक विचलना से उसका व्यक्तित्व असमायोजित एवं अनुपयुक्त हो जाता है। इसीलिए आचार्य श्री सावधान करते हैं–चूंकि ऐसा व्यक्ति अपनी ही भावना और विचारों को महत्व देता है तथा आत्मप्रतिष्ठा को सर्वस्व समझ लेता है।

तुच्छ स्वार्थ सिद्धि के लिए
कुछ व्यर्थ प्रसिद्धि के लिए
सब कुछ अनर्थ घट सकता है। पृ. 197

सब विभावों विकारों की जड़
'मैं' यानी 'अहं' को
दो गला समाप्त कर दो
मैं दोगला
छली, धूर्त, मायावी हूँ
अज्ञान मान के कारण ही
इस छद्‌म को छुपाता आया हूँ
यूँ इस कटु सत्य को
सब हितैषी तुम भी स्वीकारो
अपना हित किसमें है। पृ. 175

मानव अपने जीवन में कभी-कभी क्रोध के कारण इतना प्रक्षुब्ध हो जाता है कि उसके मन में बदले की भावना जाग्रत होती है। यह शांति भग करने वाला

मनोविकार है। बदले की भावना से उसका तन और मन सहजता सामान्यता खो देता है। वह असामान्य हो जाता है और उसका व्यवहार भी असामान्य हो जाता है।

बदले का भाव वह अनल है
जो
जलाता है तन को भी,
चेतन को भी
भवों भवों तक। पृ. 98

बदले का भाव वह राहु है
जिसके
सुदीर्घ विकराल गाल में
छोटा सा कवल बन
चेतनरूप भास्वत भानु भी
अपने अस्तित्व को खो देता है। पृ. 98

मन के गुलाम मानव की
जो कामवृत्ति है
तामसता कायरता है
वही सही मायने में
भीतरी कायरता है। पृ. 93

स्वावलम्बन ही सफलता ही सीढ़ी है। मित्रों से अकारण प्राप्त सहायता अकर्मण्यता एवं आलस्य को भी वृद्धिगत करती है। जो दूसरों की छाया का आश्रय लेकर प्रगति चाहते हैं वे धीरे-धीरे अपनी छवि कलुषित कर लेते हैं। उन्हीं कार्यों पर मुखोपक्षी होना चाहिए जो अपरिहार्य व अनिवार्य हों। निज कार्यों को यथासामर्थ्य स्वयं ही निष्पादित करने के लिए उद्यमशीलता रहना चाहिए। आचार्य श्री कितनी सुन्दर व्याख्या की है। मद द– (मद+द) यह देने वाली होती है। स्वालम्बन के अभाव में निर्मित पथ जब पथ में बाधक होती है "स्वयमेव मृगेन्द्रता" आत्मावलम्बन, आत्मनिर्भरता ही स्वयं व समाज के लिए आत्म गौरव विकसित करने के लिए लाभकारी है–आचार्य श्री ने इसे वीरत्व की क्षति माना है–किसी ने कहा भी है–

करू बहियां बल आपनी, दोड़ विरानी आस।
जाके आंगन नहीं है सो कस मरै पियास।

पराश्रय लेना दीनता का प्रतीक है
वीर-रस को क्षति पहुँचती है इससे
इतना ही नहीं
मित्रों से मिली मदद
यथार्थ में मद-द होती है
जो विजय के पथ में बाधक
अन्धकार का कार्य करती है। पृ. 459

मानव के सभी विकारों का मूल चिन्ता है। मानसिक अशांति चिंता को जन्म देती है। अवसाद पीडित व्यक्ति स्वयं को निःसहाय समझता है। उसे दूसरों से सहानुभूति की अपेक्षा होती है, प्रतिकूल परिस्थितियों में वह असहज हो जाता है और अकारण ही द्वेष पालता रहता है। मूकमाटी इसीलिए समझाती है–

लघुता का व्यजन ही
गुरुता का यजन ही
शुभ का सृजन है। पृ. 51

पीड़ा की अति ही
पीड़ा की इति है। पृ. 33

अपने-अपने कारणों से
सुसुप्त शक्तियाँ
लहरों की व्यक्तियाँ
दिन रात बस
ज्ञात करना है तुम्हें। पृ. 17

मन की छाँव में ही
मान पनपता है
मन का माथा नमता नहीं
न-मन हो तब कहीं
नमन हो, 'समय' को
इसीलिए मन यही कहता है सदा
नम न! नम न नम न!! पृ. 97

मन के धैर्य की नींव पर टिकते ही भटकाव समाप्त हो जाता है। मन की भटकन से ही हम अपना आंतरिक संतुलन खो बैठते हैं, धैर्य से ही हमारी गति, शरीर, मन, चेतना सभी का संतुलन बना रहता है।

सत् के स्तर पर एकत्व दृष्टि का उदय हमारे भीतर के क्षितिज से ही संभव है—

सीमा में रहना असंयमी का काम नहीं
जितना मना किया जाता है
उतना मनमाना होता है।

नव विकास के लिए हमें स्वयं अपनी दृष्टि में सम्मानित होना होगा। स्वसम्मान आत्मगौरव का कारण है—अपनी दृष्टि में अपनी श्रेष्ठता विकसित या विकासशील व गुणवत्ता होनी चाहिए।

जीवन भी क्यों न हो
कितने भी उज्ज्वल गुण क्यों न हों
पर से स्व की तुलना करना
पराभव का कारण है
दीनता का प्रतीक भी। पृ. 339

प्रशंसा यश की असंस्कृत वृद्धि से खिलता हुआ जीवन मुरझा जाता है। आत्म श्लाघा की विषवेल सद्गुणों की संजीवनी को सुखा देती है—

प्रशंसा यश की तृष्णा से झुलसा
यह सदोष जीवन
सहज जयघोषों की सुखद गुणों की
सघन शीतल छाँव से वंचित रहता है। पृ. 339

आसुर मन संहार की सोचता है जबकि दिव्यमन क्षेममय निर्माण की श्रुति वैसे ही नहीं कहती तन्मे मनः शिव संकल्पमुक्त', गीता के गायक ने यों ही नहीं गाया मन के महत्त्व को, जिस मन में संहारक अंकुर उपजकर वृक्ष बनते हैं उनमें उबारक अंकुर भी संकल्पशीलता से उग सकते हैं। तनावों और विकारों से मन मुरझा जाता है। अपने विकास व उत्साह के लिए जो बाहर से बहुत सज चुका है उसे भीतर भी झांकना चाहिए।

मन को शुद्ध रखने के लिए क्षमा याचना और क्षमादान ये दोनों प्रवृत्तियाँ आवश्यक हैं। ये कलुषता को मिटाकर परमशान्ति की अनुभूति कराती है। अपनी

गलती को स्वीकारना किसी साहसिक कार्य से कम नहीं होता है। मन शान्त होने से हम दुःखद घटना को भूल जाते हैं और हमारा वात्सल्य भाव विकसित होता है।

अपना ही न अंकन हो
पर का भी मूल्यांकन हो
पर, इस बात का भी ध्यान रहे
पर की कभी न वांछन हो
पर पर कभी न लांछन हो। पृ. 149

प्रायश्चित एक ऐसी निर्मली है जो दूषित मन-जल को पावन गंगाजल बना देती है—वामन विराट बन जाता है—अधीरता पथ भटका सकती है, सावधानी अवसरों को वरदान बना देती है। अतः गुरुवर कहते हैं—

पश्चात्ताप से घुटता हुआ
व्याकुल शोकाकुल हो
अवरुद्ध कण्ठ से कहता है आतंक
क्षमा करो, क्षमा करो
क्षमा के हो अवतार
हमसे बड़ी भूल हुई
पुनरावृत्ति नहीं होगी
हम पर विश्वास हो... पृ. 427

अतः हमेशा व्यवहार में सावधानी रखनी चाहिए तनिक भी चूक जीवन को दुर्घटनाग्रस्त कर देती है। मन को विकल कर देती है—

थोड़ी-सी असावधानी हो....तो
हा-हाकार हानि ही हानि
फूंक मारने से मशाल बुझ नहीं सकता
बुझाने वाला का जीवन बुझ जाता है। पृ. 369

'मन' बदलते और बिगड़ते देर नहीं लगती कुसंगति की चक्की पाट पैरों में बंध जाए तो पतन निश्चित होता है मन की गति अधोगामी होती है। अतः मन पर नियन्त्रण परमावश्यक है। कदाचित गलत राह पर मुड़ भी जाए तो मन पर नियन्त्रण कर पुनः मन को सबल बनाना चाहिए। आचार्य श्री को परपीड़क स्वार्थन्ध प्रकृत्ति अभीष्ट नहीं है मानसिक प्रवृत्तियों को उन्होंने सर्वत्र सराहा है।

मूकमाटी के मार्मिक स्थलों और उसके पात्रों को उन्होंने सर्वत्र मनोवैज्ञानिक संगति प्रदान की है। आचार्य श्री की शक्ति और निपुणता है कि मन की गहनता और उसकी जटिलता का उन्होंने सफल स्वाभाविक चित्रण किया है–

1. **जैसी संगति मिलती है**
   वैसी यति होती है

2. **प्रतिकूलता का प्रतिकार करना भी**
   प्रकारान्तर से
   द्वेष को आहूत करना है। पृ. 33

3. **विचारों के ऐम्य से**
   आचारों के साम्य से
   संप्रेषण में
   निखार आता है
   वरना
   विकार आता है। पृ. 22

4. **प्यार और पीड़ा के घावों में**
   अन्तर भी तो होता है
   रति और विरति के भाव
   एक से होते हैं क्या? पृ. 23
   अपनी प्यास बुझाए बिना
   औरों को जल पिलाने का संकल्प
   मात्र कल्पना है
   परीक्षक बनने से पूर्व
   परीक्षा में पास होना अनिवार्य है
   अन्यथा
   उपहास का पात्र बनेगा वह। पृ. 303
   पूज्यपदों की पूजा से ही
   मनोवांछित फल मिलता है। पृ. 305
   जिसने धरती का शरण ली है
   धरती पार उतारती है उसे

एक दूसरे के सुख दुःख में
परस्पर भाग लेना
सज्जनता की पहचान है
और
औरों के सुख को देख जलना
औरों के दुःख को देख खिलना
दुर्जनता का सही लक्षण है।

मानव के मन में एक ही मानव के मन में विभिन्न प्रभार के विचार विकार या भाव होते हैं। यह विकृति ही मानसिकता को आचरण को परिवर्तित करती है प्रभावित भी करती है।

विचारों की विकृति ही
आचारों की प्रकृति को
उलटी करवट दिलवाती है
सर्वसदा होना ही
सर्वस्व को पाना है
जीवन में
सहज प्राप्त शक्ति का
सदुपयोग करना धर्म है
और
दुष्टों का निग्रह नहीं करना
शक्ति का दुरुपयोग करना है, अधर्म
बन्धन रूप तन/मन और वचन का/
आमूल मिट जाना ही/मोक्ष है– पृ. 486

कभी मानव में निहित मनोभाव या मनोविकार, विचित्र रूप धारण कर लेते हैं। मानव असंतुलन का शिकार हो जाता है किन्तु आचार्य श्री ऐसे निराशा के क्षण में आशा का दीप दिखाते हैं–मन की कुछ विशेष अवस्थाओं के उद्धरण द्रष्टव्य हैं–

अधोमुखी जीवन ही
उर्ध्वमुखी हो

उन्नत बनता है
हारा हुआ भी
बेसहारा जीवन
सहारा देने वाला बनता है– पृ. 43

तप के अभाव में ही
तपता रहा अन्तर्मन यह
अनल्प संकल्प विकल्पों से
कल्पकालों से
विफलता ही हाथ लगी है
विकलता ही साथ चली है
किस विध कहें, किस विध सहे
और किस विधि रहें?
कोरी बस
सफलता की बात मिली है
आज तक इस जीवन में। पृ. 176

तन का नियन्त्रण सरल है
और
मन का नियन्त्रण असंभव तो नहीं
तथापि
वह एक उलझन अवश्य है
कटुक पान गरल है वह। पृ. 198

व्यक्ति जब प्रत्येक दृष्टि से स्वयं को स्वस्थ व प्रसन्न अनुभव करता है तब उसका शारीरिक स्वास्थ्य भी ठीक रहता है। शरीर और मन दोनों संतुलित रहते हैं। जितना वह उल्लसित होता है उतना ही उसका उल्लास प्रदर्शित होने लगता है।

प्रसन्नता आसन्न भव्य की आली है
प्रसन्नता एक आश्रय, दिव्य डाली है
जिस पर
गुणों के फूलों फूलों के दल
सदा सदा दोलायित होते हैं। पृ. 133

स्व को स्व और पर को पर रूप समझना भी एक कला ही और इस शब्द हीन भाषा को समझना ही 'बॉडी लैंग्वेज'। जैसे पुस्तक के प्रत्येक पृष्ठ पर अलग अलग शब्द और अर्थ होते हैं उसी प्रकार शरीर के माध्यम से संमेत प्रेषण और समझना ही सही मनोविज्ञान है। संतुलित और सकल अवस्था आत्मविश्वास और स्वयं में आश्वस्त होने का संकेत है। कहते हैं मनुष्य अपने चेहरे से 25000 भाव उत्पन्न कर सकता है। ये ही भाव व्यक्तित्व का दर्पण होते हैं।

'स्व' को 'स्व' रूप में
'पर' को 'पर' रूप में जानना ही
सही ज्ञान है
और
'स्व' में रमण करना
सही ज्ञान का फल पृ. 375

दूसरों को प्रभावित करना
दूसरों से प्रभावित होना
इन दोनों के ऊपर
समता की छाया तक नहीं पड़ती।

अपने मन को सदैव निष्कलुष रखने की विधि मूकमाटीकार बताते हैं—

किसी विध मन में
पाप मत रखो पर रखो
उसे पल भर
परखो पाप को भी
फिर जो भी निर्णीत हो
अपना, लो, अपनालो उसे। पृ. 124

आचार्य श्री मन के माध्यम से ही मोह और मोक्ष की व्याख्या करते हुए कहते हैं—

अपने को छोड़कर
पर पदार्थों से प्रभावित होना ही
मोह का परिणाम है
सबको छोड़कर अपने आप में भावित ऐसा ही।
मोक्ष का धाम है— पृ. 108

करुणाकर गुरुराज। पृ. 325

जो मोह से मुक्त हो जीते हैं
राग रोष से रीते हैं
जनम-मरण-जरा-जीर्णता
जिन्हें छू नहीं सकते अब
सप्त भयों से मुक्त, अभय निधान
निन्द्रा तन्द्रा जिन्हें घेरती नहीं
शोक से शून्य, सदा अशोक हैं
जिनके पास संग है न संघ
जो एकाकी है
सदा सर्वदा निश्चिन्त हैं
अष्टादश दोषों से दूर। पृ. 326–327

इस प्रकार के शब्दों पर विश्वास ही मन को तसल्ली देकर गलतियों से बचा ले जाते हैं जैसा हम चिन्तन करते हैं वैसा ही मानस तैयार होता है और जैसा मानस होता है वैसे ही भावों की परिधि तैयार होती है। दिमाग में रोग शोक भय की भयाकुल परिवेश, अशान्त वातावरण और क्रूर व्यवहार मानव स्वभाव के विरुद्ध है।

मूकमाटी के अनेक प्रकरणों में कवि ने आतंकवाद के रौद्रस्वरूप का यथातथ्य चित्रण किया है। कवि आतंकवाद को मन की विकृति मानते हैं–

जो बार-बार होठों को चबा रहे हैं
क्रोधाविष्ट हो रहे हैं
परिणामस्वरूप, होठों से
लहू टपक रहा है
जिनका तन गठीला है
जिनका मन हठीला
मस्तक के बाल
सघन, कुटिल और कृष्ण हैं
जिनके अंग-अंग के अन्दर
दया का अभाव ही भरा है। पृ. 427–428

पद व्यक्ति की मनःस्थिति को परिवर्तित करते हैं–पद वाले मानवता रखो देते हैं अहंकार का दमनचक्र चला देते हैं–

पद वाले ही पदोपलब्धि हेतु
पर को पद-दलित करते हैं
पाप पाखण्ड करते हैं। पृ. 434

विनय से पशु पक्षियों के भी भाव बदल जाते हैं श्रद्धालु को मगरमच्छ भी अभयदान ही देते हैं–

परिवार की शान्त मुद्रा देख
क्षोभ का नूतन प्रयोग करना
जो मूल धर्म है उनका
भूल से गए हैं
उनकी वृत्ति में आमूल-चूल
परिवर्तन-सा आ गया है। पृ. 445

आचार्य श्री समझाते है मन की शक्ति को–

तन का वह बल
कण सा रहता है
और
मन का बल वह
मन-सा सहता है। पृ. 96

इस प्रकार हम देखते हैं कि मूकमाटी में मनोविज्ञान ने बहुविध क्रियाओं को भलीभांति परखा और उन्हें अपने महाकाव्य में सटीक एवं विशुद्ध परिप्रेक्ष्य में संजोया है।

दुष्टों की दुष्प्रवृत्ति की ओर कवि ने ध्यानाकृष्ट किया है। दुष्टों के कलुषित स्वभाव की एक झलक देखिए–

घमण्ड के अखण्ड पिण्ड बने हैं
इनका हृदय अदय का निलय बना है
रह-रह कर कलह
करते ही रहते हैं ये
बिना कलह। पृ. 228

कलुषित मनोवृत्ति से बचकर रहने के लिए प्रोत्साहन प्रवृत्ति है और अपेक्षित परिवर्तन जन्य उद्घोष भी–

निर्बल जनों को सताने से नहीं
बल सम्बल दे बचाने से ही
बलवानों का बल सार्थक होता है। पृ. 272

कितनी श्रेष्ठ सूक्ति में सन्त हृदय की अकृत्रिम वाणी–

मृदुता और कठिनता की सही पहचना
तन को नहीं। हृदय को छूकर होती है। पृ. 311

विवेकी व्यक्ति के गुण मन के उत्कर्ष के परिचायक है–

पात्र से प्रार्थना हो
पर अतिरेक नहीं
इस समय सब कुछ भूल सकते हैं
पर विवेक नहीं
अंग अंग से
विनय का मकरन्द झरें
पर, दीनता की गन्ध नहीं। पृ. 319

समाज में व्याप्त लोभ, शोषण अराजकता से कवि चिन्तित है। जब भी धन का आदर होगा, तब योग्यता का अनादर होगा।

लोभ मनुष्य को राक्षस बना देता है–

लोभी पापी मानव
पाणी ग्रहण को भी
प्राण-ग्रहण का रूप देते हैं। पृ. 386

मन की स्वस्थता से ही शरीर स्वस्थ रहता है। हमारी मानसिकता मन से जुड़ी हुई है–कवि का सत्य परामर्श है–

तन की भी चिन्ता होनी चाहिए
तन के अनुरूप वेतन अनिवार्य है
मन के अनुरूप विश्राम भी। पृ. 391

विषयवासना के दुष्परिणाम का भी कवि निर्दिष्ट करते हैं। वासना पुरुष को कितना बेहाल बना सकती है। इसका वर्णन–

यही तो पुरुष का पागलपन है
...पामर-मन
जो युगों-युगों से
विवश हो
हवस के वश होता आया है। पृ. 394

आतंकवाद के मनोविज्ञान का कवि इस प्रकार चित्रण करता है–

यह बात निश्चित है कि
मान को टीस पहुँचने से हो
आतंकवाद का अवतार होता है। पृ. 418

राजनीति विज्ञान

मनुष्य एक सामाजिक प्राणी है। राजनीति हमारे जीवन का अहम् अंश है यद्यपि आज राजनीति शब्द का अर्थ केवल वह कौशल है जिसके द्वारा शासन कला अर्थात् सरकारी नीति को लक्ष्य विशेष की ओर संचालित किया जा सके। यथार्थ में राजनीति विज्ञान अत्यन्त व्यावहारिक एवं महत्वपूर्ण है। राजनीतिक सिद्धान्त प्रकारान्तर से समकालीन दर्शन और विज्ञान का ही एक भाग है वह राजनीति के आचरण की समीक्षा के लिए बौद्धिक और आलोचनात्मक साधन प्रस्तुत करता है। इसके अतिरिक्त नैतिक आदर्शों, न्याय प्रणाली, समकालीन अर्थव्यवस्था और शासन प्रणाली को विवेक और सामाजिक उपयोगिता की कसौटी पर परखता है। राजनीति विज्ञान का सम्बन्ध अन्य सम्बन्धों से बहुत घनिष्ठ है जैसे इतिहास, दर्शन शास्त्र, नीति-शास्त्र, मनोविज्ञान न्याय, समाज शास्त्र (कानून) अर्थशास्त्र, भूगोल सीधे राजनीति से सम्बन्धित है। आचार्य श्री ने मूकमाटी में इन सब पर सूक्ष्मता से दृष्टिपात कर अपनी सम्मति भी दी है।

श्रेष्ठ कवि व्यापक जीवन भूमिका के कवि होते हैं और वे अपने काव्य में धर्म, दर्शन, नीति राजनीति अथवा समाजनीति को आत्मसात करते हुए चलते हैं, वे मानव चेतना को समग्रता से ग्रहण करते हैं क्योंकि न मानव जीवन को खण्डों में बांटा जा सकता है न मानव चेतना को। प्रसिद्ध राजनीति-विशारद पॉल जेनेट का कहना है–

Political Science is closely connected with political economy on the Science of weath; with law, either natural or positive, which occupies itself principally with the relations of citizens to the another with history which furnishes the facts of which it had need; with philosophy and especially with morals which gives to it a part of its principles."

आचार्य श्री ने राजनीति के सभी पहलुओं एवं समस्याओं पर लिखा है, अपराधीकरण, भ्रष्टाचार, जातिवाद, साम्प्रदायिकता, आतंकवाद, देशद्रोह आदि अराजक तत्वों से जूझने के अनेक निकट प्रश्न हैं। आचार्य श्री सभी का कारण और निवारण प्रस्तुत किया है।

वर्तमान में राजनीति और राजनेता सब वोटों से नहीं नोटों से चल रहे है। इस अर्थ ने ही सर्वत्र अनर्थ का गर्त खोद दिया है। राजनीति से धर्म पलायन कर गया है और अर्थ प्रवेश कर गया है इसलिए आचार्य श्री अपना आध्यात्मिक चिन्तन प्रकट करते हैं–

अर्थ को तुला बनाना
अर्थशास्त्र का अर्थ ही नहीं जाना है
और
सभी अनर्थों की गर्त में
युग को ढकेलना है
अर्थशास्त्री को वह अर्थ क्या ज्ञात है? पृ. 42

कवि कहते हैं कि आज की शासन प्रणालियों में जो प्रणाली सर्वाधिक सुखद और सर्व हितकारी मानी जा रही है वह है लोकतान्त्रिक प्रणाली। विश्व का सबसे बड़ा लोकतान्त्रिक देश हमारा भारत वर्ष ही है। इस प्रणाली से व्यक्तियों की भावना का परिष्कार होता है। इसमें 'मैं' की भावना का विनाश होता है और समूह की भावना का उदय होता है। लोकतन्त्र में हठाग्रह कदाग्रह, पूर्वाग्रह उचित नहीं है इससे स्वच्छन्दता मदान्धता मिटती नहीं अपितु वृद्धिगत ही होती है अतः अपने वैचारिक दृष्टिकोण में "ही" नहीं "भी" रखना चाहिए–

लोक में लोकतन्त्र की नीड़
तब तक सुरक्षित रहेगी
जब तक 'भी' श्वास लेता रहेगा
'भी' से स्वच्छन्दता-मदान्धता मिटती है
स्वतन्त्रता के सपने साकार होते हैं।
सद्विचार सदाचार के बीज, 'भी' में हैं 'ही' में नहीं।

'भी' से शान्ति, एकता व अखण्डता रहती है इसीलिए वे राष्ट्रहित में प्रार्थना भी करते हैं–'भी' की एक विशेषता भी है 'ही' देखता है हीन दृष्टि से पर को

'भी' देखता है समीलीन दृष्टि से सबको ही वस्तु की शक्ल को ही पकड़ता है 'भी' वस्तु के भीतरी भाग को भी छूता है।

प्रभु से प्रार्थना है कि
'ही' से हीन हो जगत यह
अभी हो या कभी भी हो
'भी' से भेंट हो सभी की। पृ. 173

राजनीति में दण्ड व्यवस्था समाज सुधार एवं निरपराधों को सुरक्षित व निर्भय रहने के लिए आवश्यक है—परन्तु गणतन्त्र धनतन्त्र बन जाता है यदि दण्ड व्यवस्था न्याय व्यवस्था समुचित न हो। दण्ड प्रणाली समीलीन होनी चाहिए।

कभी कभी हम बनाई जाती
कड़ी से और कड़ी छड़ी
अपराधियों की पिटाई के लिए
प्रायः अपराधीजन बच जाते
निरपराध ही पिट जाते
और उन्हें
पीटते पीटते टूटती हैं हम
इसे हम गणतन्त्र कैसे कहै
यह तो शुद्ध 'धनतन्त्र' है
या
मनमाना तंत्र है? पृ. 271

भुजबल और भय-शासन ही सब कुछ नहीं है। अनीति और हिंसापरता का परिणाम संस्कारी जीवन का नाश है। आचार्य श्री राजधर्म को मानवधर्म से जोड़कर उसकी तन्त्रबद्धता को मसवीयता प्रदान करते हैं और उदात्त जीवनवृत्तियों को प्रकाश में लगते हैं।

हमारी देश की न्याय व्यवस्था से भी आचार्य श्री अपरिचित नहीं है न जाने न्याय के विलम्ब के कारण कितने निरपराधी जेलों में है अथवा हताश निराश हैं—

आशातीत विलम्ब के कारण
अन्याय न्याय-सा नहीं
न्याय अन्याय सा लगता है

और यही हुआ
इस युग में इसके साथ। पृ. 272

उत्कृष्ट राजतन्त्र वही है जहाँ निर्बलों की रक्षा होती है—शक्तिसमर्थ की शक्ति शक्तिहीनों को संबल देने से ही सार्थक होती है—शोषण राजनीति को कलंकित करता है—बल का सही उपयोग ही निर्बलों का मदद है उन्हें सताना नहीं—

निर्बल-जनों को सताने से नहीं
बल संबल दे बचाने से ही
बलवानों का बल सार्थक होता है। पृ. 272

राजा को अपने राज्य में कानून व्यवस्था सुदृढ़ रखनी चाहिए। मनु ने लिखा है दण्ड एक ऐसा प्रावधान है जो सभी प्राणियों को नियन्त्रण में रखता है, यह कानून की रक्षा करता है अब, दण्ड कानून के समान है। मनु ने धर्म को कानून माना है। आज सर्वत्र भ्रष्टाचार का बोलबाला है। ईमानदारी कहीं भी दिखाई नहीं पड़ती। बगुलों की भांति दिखने वालों से कवि कहते हैं—रिश्वतखोरी व भ्रष्टाचार शासन की जड़ काटने वाले कीड़े होते हैं।

चोर इतने पापी नहीं होते
जितने कि
चोरों को पैदा करने वाले
तुम स्वयं चोर हो
चोरों को पालते हो। पृ. 468

महाभारत में कहा गया है कि वह राजा जो अपनी प्रजा की सुरक्षा नहीं कर सकता वह एक दुष्ट व चोर के समान है। राजा को राज्य में आन्तरिक शान्ति, सुरक्षा की व्यवस्था रखनी चाहिए जिससे राज्य में अराजकता न फैले व शासन व्यवस्था का सुचारू रूप से संचालन होता रहे।

आचार्य श्री ने मूकमाटी में उस राज्य दर्शन की व्याख्या की है जो भारतवर्ष की आध्यात्मिक चेतना और मानवतावादी जीवन दृष्टि का उपज है मानव जीवन के सर्वांगीण विकास ओर मानव की मूलकृत स्वतन्त्रता की रक्षा के लिए हमें ऐसी ही राज्यवयवस्था चाहिए।

आचार्य श्री स्पष्ट कहते हैं सर्वाधिक पाप कार्य वो ही करते हैं जिनके हाथ में सत्ता है जो पदों पर स्थित हैं—आज राजनेता राष्ट्र पोषण का लक्ष्य भुलाकर आत्मपुष्टि के लिए व्यग्र हो गये हैं।

पद वाले ही
पदोपलब्धि हेतु
पर को ही
पददलित करते हैं
पाप पाखण्ड करते हैं– पृ. 434

देश का विकास समाजवाद से ही संभव है लेकिन समाजवाद है क्या? समाजवाद आएगा कैसे? इसकी विस्तृत व्याख्या आचार्य श्री करते हैं–शासक को राष्ट्रीय सुरक्षा के साथ प्रजा के योगक्षेम की भी चिन्ता होनी चाहिए। शासक की दृष्टि में प्रजा में भेदभाव नहीं होना चाहिए उसे प्रजापरायण व राष्ट्र वत्सल होना चाहिए। सच्चा शासक तन पर नहीं मन पर राज करता है। समाजवाद की सही परिभाषा से कवि यही स्थापित करना चाहते हैं कि सामूहिक भावना के भरा होने के कारण ही वह समाजवाद कहला सकता है अन्यथा नहीं–

समाजवाद की समीचीन व्याख्या दर्शनीय है–

समाज का अर्थ होता है समूह
और
समूह यानी
सम-समीचीन अह-विचार है
जो सदाचार की नींव है
कुल मिलाकर अर्थ यह हुआ कि
प्रचार प्रसार से दूर
प्रशस्त आचार विचार वालों का
जीवन ही समाजवाद है
समाजवाद समाजवाद चिल्लाने मात्र से
समाजवादी नहीं बनोगा। पृ. 461

समाजवाद अन्धाधुंध धनसंग्रह से नहीं समुचित वितरण से आता है। राजनीति जीवन के लिए है जीवन राजनीति के लिए नहीं। आचार्य श्री का राजधर्म स्वराज्य और धर्म राज्य का ही पर्यायवाची है–

अब धन संग्रह नहीं
जन संग्रह करो

और
लोभ में वशीभूत हो
अन्धाधुन्ध संकलित का
समुचित वितरण करो
अन्यथा धनहीनों में
चोरी के भाव जागते हैं जागे हैं। पृ. 461

लोग स्वार्थ व संकीर्णता से ऊपर उठकर सच्चे इन्सान बने और भारत सर्वांगीण विकसित एक समुन्नत राष्ट्र बने। उन दुर्विकारों से दूर रहें जिनका वह शिकार हो रहा है।

समाजवाद की व्याख्या के पश्चात् आचार्य श्री समाजवाद का महत्त्व भी बताते हैं और उस पर तीखा व्यंग्य भी करते हैं—

स्वागत मेरा हो
मनमोहक विलासिताएं
मुझे मिलें अच्छी वस्तुएँ
ऐसी तामसता भरी धारणा है तुम्हारी
फिर भला बता दो हमें
आस्था कहाँ है समाजवाद में तुम्हारी
सबसे आगे मैं
समाजवाद में। पृ. 478

कवि ने स्पष्टता और निर्भीकता से अपने प्रगतिशील विचारों को वाणी दी है। अमीर गरीब की खाई का चौड़ा करने से समाजवाद नहीं आएगा बल्कि समाजवाद तो इस खाई को समाप्त करने में है—

अमीरों की नहीं
गरीबों की बात है
कोठी की नहीं
कुटिया की बात है। पृ. 217

आचार्य श्री कहते हैं समाज में दूरी और पृथकता भेद विभेद का कारण है। कथनी-करनी एक होनी चाहिए।

जिसे पथ दिखाया जा रहा है
वह स्वयं पथ पर चलना चाहता नहीं
औरों को चलाना चाहता है। पृ. 153

आचार्य श्री जाति, वर्ग वर्ण के आधार पर राजनीति को उचित नहीं समझते हैं वे तो कहते हैं समाज में वर्ण वर्ग भेद व्यक्ति के जन्म के आधार पर नहीं होना चाहिए। वर्ण का आशय तो आचरण से है–

वर्ण का आशय
न रंग से है
न ही अंग से है
वरन
चाल-चरण ढंग से है। पृ. 46

इस प्रकार हम देखते हैं कि आचार्य श्री ने मूकमाटी में बड़ी कुशलता से राजनीति के रूप स्वरूप को अभिव्यक्त किया, लोकधर्म, राजधर्म, प्रजा के कर्तव्य एवं सुशासन प्रणाली को परिभाषित किया, इसका अध्ययन करके अध्येयता राष्ट्र व राजनीति को अधिक सफल, सुखी और सार्थक बना सकता है।

आचार्य श्री तो परिश्रम करने वाले और धन को मिट्टी समझने वाले को ही उच्च वर्णी मानते हैं। मूकमाटी में यह विचार प्रत्यक्ष है–

परिश्रम करो! पसीना बहाओ
बाहुबल मिला है तुम्हें
करो पुरुषार्थ सही
परिश्रम के बिना तुम
नवनीत का गोला निगलो भले ही
कभी पचेगा नहीं वह
प्रत्युत्, जीवन को खतरा है
पर कामिनी, वह जननी हो
पर धन कंचन की गिट्टी में भी
मिट्टी ही सज्जन की दृष्टि में। पृ. 212

आचार्य श्री दलितों को संबल देते हैं और मनोबल बढ़ाते हुए कहते हैं–

तूने जो
अपने आपको/पतित जाना है

लघुतम माना है/यह अपूर्व घटना
इसलिए है कि/तूने/निश्चित रूप से
प्रभु को/गुरुतम को। पहचाना है
तेरी दूर-दृष्टि से
पावन पूत का बिम्ब
बिम्बित हुआ अवश्य
असत्य की सही पहचान ही
सत्य का अवधान है बेटा
पतन पाताल का अनुभव ही
उत्थान ऊँचाई की
आरती उतारना है। पृ. 51

आचार्य श्री कहते हैं कि पतितों को उठाना ही राजधर्म होना चाहिए। मिट्टी का यह कथन भी द्रष्टव्य है—

लघुता का व्यंजन ही
गुरुता का यजन ही
शुभ का सृजन है। पृ. 5—10

राष्ट्र में सभी के लिए समान अवसर होना चाहिए।

आचार्य श्री शासक को दो मूलमन्त्र देते हैं—

1. शक्तिशाली पद पर रखते हुए भी मैं किसी को उसके पद से नहीं गिराऊँगा।
2. जो किसी कारण से या स्वयं पद-दलित उनका उत्थान करूँगा। सच्चे न्याय से पक्षपात की गुंजाइश नहीं रहती।

आचार्य श्री सत्ताधारियों को कर्तव्य बोध कराते हुए कहते हैं—राजा का धर्म संरक्षण है जिससे राष्ट्र के जीवनादर्शों का पालन हो सके—

शास्ता की शासन शय्या फूलवती नहीं
शूल-शीला हो
अन्यथा राजसत्ता वह राजसत्ता की
रानी-राजधानी बनेगी। पृ. 104

मूकमाटी में राजनीति में दल बहुलता पर लेखनी चलाते हुए कहते हैं—

दल बहुलता शान्ति की हननी है ना!
जितने विचार उतने प्रचार

उतनी चाल ढाल
हाला धुली जय-सा
क्लान्ति की जननी है ना। पृ. 197

तुच्छ स्वार्थसिद्धि के लिए
कुछ व्यर्थ की प्रसिद्धि के लिए
सब कुछ अनर्थ घट सकता है। पृ. 197

आज राजनीति में दलों की दलदल ने राजनीति को अपवित्र और बदनाम कर दिया है। दल होने चाहिए पर स्वार्थसिद्धि वाले नहीं जनता के दिन के हित कार्य करने वाले अथवा दलगत राजनीति के दुष्परिणाम ही सामने आते हैं।

आज राजनीति इतनी भ्रष्ट और विकृत हो चुकी है कोई सभ्य बुद्धिजीवी इस दिशा में कदम बढ़ाने का साहस नहीं करता और जो व्यक्ति सत्य और ईमानदारी का पक्ष लेकर चलता है तो उसे असफलता का मुँह देखना पड़ता है। सफलता उसके पक्ष में जाती है जिसके पास बहुमत होता है। पात्र अपात्र वहाँ सब एक कोटि में आ जाते हैं—

प्रायः बहुमत का परिणाम
यही तो होता है
पात्र भी अपात्र की कोटि में आता है। पृ. 382

मुकमाटीकार जनतन्त्र के पक्षधर है भीड़वाद के नहीं—

भीड़ की पीठ पर बैठकर
क्या सत्य की यात्रा होगी अब
नहीं....नहीं....कभी नहीं। पृ. 470

आचार्य श्री जनता को भी सावधान करते हैं पुरुषार्थ ही वीरों का धर्म होता है पुरुषार्थहीनता से विपत्ति, विपत्ति से उन्नति में बाधा, बाधा से गौरव का नाश और गौरव के नाश से राज्यश्री नष्ट हो जाती है।

जनता को ईमानदारी से टैक्स देना चाहिए—टैक्स चोरी विश्वासघात व दण्डनीय अपराध है। शासन के कार्यों को गति टैक्स से ही मिलती है। टैक्स देना राष्ट्रभक्ति और कर्तव्यनिष्ठा है।

सही सही उद्यम करो
पाप पाखण्ड से परे हो

कर पर कर दो
बच जाओगे
अन्यथा
मेल में अन्ध हो
जेल में बन्द हो
बच जाओगे। पृ. 174

युद्ध की राजनीति में प्रतिपल संभावना रहती है। हमारे विरोधी कब आक्रमण कर दें, ज्ञात ही नहीं होता। युद्ध नीति के विषय में भी समझाते हुए कवि की लेखनी स्पष्ट कहती है—

रणागंण में कूदने के बाद
मित्र-बल की स्मृति नहीं रहती
प्रत्युत् शत्रु बल पर
टूट पड़ना ही होता है
पराश्रय लेना दीनता का प्रतीक है
वीररस को क्षति पहुँचती है इससे
इतना ही नहीं
मित्रों से मिली मदद
यथार्थ में मदद होती है। पृ. 439

प्राचीनकाल में राजनीति धर्मानुप्राणित होती थी। ऋषि मुनि राजनीति पारंगत भी होते थे वे राष्ट्र संचालन की शिक्षा भी देते थे। महाभारत में कहा गया है कि एक राजा के पास गिद्ध जैसी दृष्टि होनी चाहिए उसे श्वान की तरह सतर्क होना चाहिए और बिना किसी चिन्ता के सांप की भांति दुश्मनों के इलाके में घुसने के लिए साहसी होना चाहिए। युद्ध के साथ-साथ राजा को कूटनीति पारंगत भी होना चाहिए।

राजनीति व राज्य के सभी अंगों का विस्तृत विवेचन मूकमाटी में भी हुआ है। इस प्रकार यदि देखा जाए तो मूकमाटीकार की कही एक-एक बात वर्तमान राष्ट्रीय हित के अनुकूल है। बिना नूतन संस्कारों के विवेक के दर्पण पर पड़ी धूल की पर्त साफ नहीं हो सकती।

हमारा इतिहास बताता है कि हमारे अनेक शासक हुए हैं जो हृदय से गुणानुरागी और कवि थे। सिंहासन से अधिक उन्हें जन मन में प्रतिष्ठा मिली।

वर्तमान राजनीति को हृदय की आवश्यकता है और निष्कलुष व्यापक दृष्टि की। यदि राजनीति सदाचारिणी हो जाये तो बहुविध अन्याय का बढ़ता अंधेरा उत्पन्न ही नहीं होगा।

आन्वीक्षिकी, त्रयी, वार्ता और दण्ड नीति का परिज्ञान व प्रयोग राजा के लिए बहुत आवश्यक है। अभ्युदय की ओर अग्रसर राजा को शत्रु की अपराधी की सही परख रखनी चाहिए। अपराधी अपना पुत्र हो या शत्रु न्याय की तुला पर समान रूप से तौलना चाहिए। दण्ड भी अपराध के अनुकूल हो अपराधी को मृत्युदण्ड तत्काल नहीं देना चाहिए। पहले सुधरने व उन्नति के अवसर देने के अनुकूल ही दण्ड देना चाहिए–

इस बात को नहीं भूलना है कि
घन घमण्ड से भरे हुए
उद्दण्डों की उद्दण्डता दूर करने
दण्ड संहिता की व्यवस्था होती है। पृ. 431

माना
दण्डों में अन्तिम दण्ड
प्राणदण्ड होता है
प्राणदण्ड से औरों को तो
शिक्षा मिलती है
परन्तु जिसे दण्ड दिया जा रहा है
उसकी उन्नति का अवसर ही समाप्त
दण्ड संहिता इसको माने या ना माने
क्रूर अपराधी को
क्रूरता से दण्डित करना भी
एक अपराध है
न्याय मार्ग से स्खलित होना है...

आयुर्वेद

भाग्योदय तीर्थ संस्थापना

परमपूज्य सन्त शिरोमणि आचार्य श्री विद्यासागर ने 11 जुलाई 1993 की शुभबेला में भगवान शान्तिनाथ के पादमूल में आयोजित भाग्योदय के प्रथम अधिवेशन को अपना सानिन्ध्य व आशीर्वाद प्रदान कर पीड़ित मानवता को आरोग्य दान दिया था।

खुरई कोड़ ग्राम करीला की लगभग 16 एकड़ भूमि पर निर्मित चिकित्सालय निर्दोष उपचार पद्धति को अपनाकर व्रतियों, संयमियों, श्रावकों व सामान्य जन सभी को शुद्ध सात्विक औषधियाँ व उपचार उपलब्ध करा रहा है। आचार्य श्री की भावना यही थी कि यह संस्था तीर्थ के समान धर्मार्थ व लोक कल्याणार्थ समर्पित रहे। इस चिकित्सालय में रोगियों को शारीरिक ही नहीं पारमार्थिक लाभ भी प्राप्त होता है। इसका नाम 'भाग्योदय तीर्थ चिकित्सालय' नाम की उद्घोषणा के पृष्ठ में इस आरोग्य भवन की चिन्तन व कार्यप्रणाली व पूर्ण घोषणा-पत्र हैं।

पूर्णायु आयुर्वेद चिकित्सालय एवं अनुसन्धान विद्यापीठ–

आचार्य श्री की ही पावन प्रेरणा व आशीर्वाद से जबलपुर में पूर्णायु आयुर्वेद चिकित्सालय व अनुसंधान विद्यापीठ की स्थापना हुई उनकी दिव्य दृष्टि का ही सुपरिणाम है। महाविद्यालय में 100 बालिकाओं हेतु स्नातक स्तर पर गुणवत्तापूर्ण आयुर्वेद शिक्षा प्रदान की जाती है, उत्कृष्ट अनुभवी समर्पित संकाय के साथ उन्नत स्तर की प्रशिक्षण तकनीक विशिष्ट सुसज्जित प्रयोगशालाएं, आधुनिक व्याख्यान कक्ष संगोष्ठी कथा यहाँ से शुद्ध दवाइयाँ सभी को उपलब्ध हो रही हैं–

आयुर्वेद एक ऐसा चिकित्सा प्रणाली है जो केवल रोगों का निदान ही नहीं अपितु जीवन से सम्बन्धित विविध विध ज्ञान भी प्रदान करती है—आयुर्वेद का अवतरण भारत की पुण्यभूमि पर ऋषियों, मुनियों, सन्तों द्वारा हुआ। औषधियाँ मानव जीवन के लिए अमृत हैं। काष्ठ, फल, फूल से मानव जाति का भरण-पोषण करती है, वहीं आरोग्यकार भेषज प्रदान कर उनका दुख भी दूर करती हैं। ऋग्वेद में एक पूरा सूक्त 'औषधि-सूक्त' के नाम से विख्यात है। प्राचीन जैन जैनेतर आयुर्वेद ग्रन्थ प्रचुरता में उपलब्ध है। ऋषि परम्परा के साधना संयम दिव्य ज्ञान एवं अनुभव से उद्भूत आयुर्वेद को पंचमवेद की संज्ञा प्राप्त है। यह स्वास्थ्य और रोग दोनों के लिए व्यवस्थित और क्रमबद्ध ज्ञान प्रदान करता है।

भारत से ही आयुर्वेद यूनान, ग्रीस, ग्रीस से इंग्लैंड निवासियों ने ग्रहण कर निरन्तर अन्वेषण किये और आज विश्व के अनेक देशों आयुर्वेद, जड़ी बूटियों की महत्ता को समझकर इसका उपयोग भी कर रहे हैं। शोध कार्य भी कर रहे हैं।

आयुर्वेद के विषय में कहा गया है—

हिताहितं सुखं दुःखं आयुस्तस्य हिताहितम्
मानं च तच्च यत्रोक्तमायुर्वेद, स उच्यते
शरीरेन्द्रिय सत्वात्म संयोगो धारि जीविंत
नित्यग्श्चानुबंधश्च पर्यायेरामुच्यते।। (चरक संहिता)

शरीर, इन्द्रिय, मन व आत्मा के संयोग को आयु कहते हैं, धारि, जीवित नित्यग और अनुबन्ध ये आयु के पर्याय हैं।

इतिहास प्रसिद्ध अल्बरुनी (विदेशी यात्री) ने अपने पुस्तकालय में चरक संहिता का अनुवादित ग्रन्थ रखा था। प्राच्य ग्रन्थों की टीका मध्यकालीन एवं आधुनिककालीन विद्वानों ने उदृधत कर चिकित्सा साहित्य की जीवन्तता को यथावत् रखा है। वर्तमान में भी आयुर्वेद चिकित्सा गौरवान्वित है। ऋषियों की इसी परम्परा के मंगल-मौर आचार्य श्री भी आयुर्वेद के बहुज्ञ हैं। मूकमाटी के अध्ययन से स्पष्ट परिलक्षित है कि आचार्य श्री योग आयुर्वेद के सांगोपांग अध्येता है। भाग्योदय तीर्थ और पूर्णायु को आशीर्वाद की भूमिका मूकमाटी में ही गुरुदेव ने अन्तर्निहित कर दी है—गुरुदेव रोगों की प्रकृति तज्जनित शारीरिक विकृति को गहनता सूक्ष्मता से पहचानते हैं।

शास्त्र कहते हैं, हम पढ़े
औषधियों का सही मूल्य

रोग का शमन है,
कोई भी औषधि।
हीनाधिक मूल्य वाली होती नहीं।

आज रोग ज्ञान और रोगी परीक्षा के अनेक साधन उपलब्ध हैं। अनेक सोफ्टवेयर बन चुके हैं लेकिन आयुर्वेद जगत में रोग परीक्षा और चिकित्सा का आधार शरीर ही रहा है। नाड़ी एवं अन्य अंगों का निरीक्षण परीक्षण करके मनोभावों एवं परिवेश के माध्यम से ऐसे अनेक रोगों का भी वैद्य परीक्षण कर लेते थे। उन्हें यन्त्रों की आवश्यकता नहीं होती थी।

एक समय था कि हमारे देश के पिछड़े से पिछड़े गांव में ऐसे वैद्य हुआ करते थे जो स्थानीय जड़ी बूटियों के सहारे बाल रोग से लेकर अनेक जटिल बीमारियों का सफल उपचार कर देते थे, भारतीय आयुर्वैज्ञानिक चिन्तन केवल मृत्यु को ही अपरिहार्य और असाध्य मानता है किसी रोग विशेष को नहीं।

सर्वसुलभ, सार्वभौमिक यह पद्धति नाड़ी ज्ञान रोग ज्ञान के लिए एक सरल सुकर व सुलभ साधन है। नाड़ी परीक्षण से मानवों में अगणितभावी रोगों का भी पता लगता है।

भारत में नाड़ी ज्ञान के बहु प्रचार और बहुयगीन संस्कार व्याधि से पीड़ित साधनहीन का संबल है।

औषध-ज्ञान

औषधियाँ चिकित्सक की शक्ति है, वैद्य इन्हीं के उचित उपयोग से रोगी का उपचार करते हैं—अनेक प्रकार की औषधियों का वर्णन ग्रन्थों में है इन्हें भेषज, सुभेषज कहा जाता है। साथ ही, दिव्यौषधियाँ, रसोषधियाँ, महौषधियाँ आदि भी मूकमाटी में पूज्यश्री के औषध ज्ञान की परिचायक है। प्राचीन भारत में नागा. र्जुन प्रसिद्ध रसायन वैज्ञानिक हुए। उनकी प्रसिद्ध रचना को रस-रत्नाकर अथवा रसेन्द्र-मंगल कहते हैं। उन्होंने पारे के मिश्रण के अद्‌भुत पर्याय बताये, जिनसे शरीर स्वस्थ व निरोग रहता है।

औषधियाँ मनुष्य तथा पशु दोनों को निरोग बनाती है। औषधियाँ चार प्रकार की हैं फलयुक्त, फलरहित, फूल युक्त, फूलरहित। प्रचलित दो रूप हैं। वनस्पति और औषधि वृक्षों के लिए वनस्पति और छोटे पौधों के लिए औषधि। छोटे वृक्षी को वानस्थल भी कहते हैं। ऋग्वेद में इनके लिए नवीन कहा गया है और अथर्ववेद में औषधि के लिए 'भेषजी' शब्द का प्रयोग हुआ है। (चिकित्सा स्थान—24/100)

स्वस्थ तन, स्वस्थ मन के मन्त्र प्रदाता श्रमण-कवि ने एलोपैथिक चिकित्सा की अपेक्षा नैसर्गिक चिकित्सा को और आयुर्वेदिक उपचार पद्धति को महत्त्व दिया है। अनेक प्रकार की रत्न भस्म, धानुभस्म आयुर्वेद औषधियों में प्रयुक्त होती हैं इसीलिए उन्होंने इन सबका भी उल्लेख किया है।

मणि, मुक्ता, हीरा, पुखराज, स्फटिक, माणिक, नीलम आदि रत्न असाध्य रोग उपचारक हैं–आयुर्वेद में औषधि के रूप में इनके निर्माण एवं प्रयोग का विस्तृत वर्णन है।

आयुर्वेद में केवल रोगग्रस्त एक अंग की चिकित्सा नहीं होती केवल रोग के लक्षण ही नहीं देखे जाते अपितु मानसिकता शारीरिक पद्धति आत्मा, ऋतु मन और शरीर सभी का निरीक्षण परीक्षण होता है।

प्रत्येक आयुर्वेदिक औषधि स्वयँ एक टानिक अथवा रसायन का कार्य करती है। आधुनिक चिकित्सा पद्धति में अनेक परीक्षकों की आवश्यकता होती है। समय व धन बहुत खर्च होता है किन्तु आयुर्वेद में केवल नाड़ी आदि परीक्षण कर रोग निदान कर काय चिकित्सा, शल्य चिकित्सा, शालाक्य चिकित्सा अगद तन्त्र, भूत विद्या, बाल तन्त्र, रसायन तन्त्र बाजीकरण सभी को समाहित कर लिया जाता है।

कल्याणकारक एवं अर्थववेद में भारतीय चिकित्सा पद्धति का वर्णन है। अर्थववेद के भैषज्य-सूत्र में विविध रोगों के उपचार की जानकारी दी गयी है। सुश्रुत संहिसा, चरक संहिता शास्त्र के प्रामाणिक और विश्वविख्यात ग्रन्थ हैं। वैदिक काल में दो चिकित्साकों के नाम भी प्रमुखता से आते हैं। उनके नाम हैं अश्विनी कुमार। वे जुड़वाँ भाई थे। वे देवताओं की चिकित्सा करते तथा समय-समय पर दूसरे लोगों को भी निरोग तथा स्वस्थ रहने के उपाये बताते थे। धन्वन्तरि आयुर्वेदिक औषधि विज्ञान के देवता माने जाते हैं। उनके औषधि-ज्ञान की प्रशंसा हिन्दू पुराणों में मिलती है। भारद्वाज पहले व्यक्ति माने जाते हैं, जिन्होंने चिकित्सा विज्ञान का विधिवत अध्ययन कर जनमानस को चिकित्सा की शिक्षा दी। पुनर्वसु आत्रेय चिकित्सा शिक्षक थे।

आचार्य श्री रोग के कारणों, शारीरिक लक्षणों के ज्ञाता है मूकमाटी में अनेक शारीरिक लक्षणों को जानकर रोग के निदान की औषधि भी बतायी गयी है।

दाह रोग के लक्षण–

खोती जा रही हैं
रक्त की गतिशीलता
विरक्त होती जा रही हैं

हस्त पाद निष्क्रिय हो गये
दन्त पंक्तियाँ कटकटाने लगी।

दाह रोग शमन

चाँदनी की रात्रि में
चन्द्रकान्त मणि से झरा
उज्ज्वल शीतल जल ले
मलयाचल के चन्दन
घिस घिसकर
ललाट तल नाभि पर
लेप किया जाना वरदान माना है। पृ. 413

दाह रोग के उपशमन में

तत्कालीन ताजा
शुद्ध सुगन्धित धृत में
अनुपात से कपूर मिला-जुलाकर
हलकी इतनी अंगुलियों से
मस्तक के मध्य, ब्रह्मरन्ध्र पर। पृ. 413
स्वादिष्ट बलवर्द्धक दुग्ध का सेवन
ओज-तेज-विधायक धृत का भोजन
अकाल-मरण-वारक
सात्विक शान्त भाव स्रजक
दधि निर्मित पम्वान्त आदि
बहुविध व्यंजन उपेक्षित हुए हैं
इसी का कारण है कि
दाह रोग प्रचलन हुआ है पृ. 412
सत्व शून्य ज्वार का दलिया के साथ
सार मुक्त छाछ का सेवन
दरिद्रता को जन्म देता है।

माटी का प्रयोग

पक्वापक्व रुधिर से भरा घाव हो
भीतरी चोट हो या बाहरी
असहनीय कर्ण पीड़ा हो
ज़्वार से कपाल फट रहा हो
नासा की नासूर हो
शीत से बहती हो
या उष्णता से फूटती हो वह
और शिर शूल आधा हो या पूरा
इन सब अवस्थाओं में
माटी का प्रयोग लाभप्रद होगा।
काया की प्राकृत उष्मा
ओज-तेज-विधायक घृत का भोजन
अकाल मरण वारक। पृ. 405

भोजन के प्रकार

स्वादिष्ट बलवर्धक दुग्ध का सेवन

भारत को प्राचीनकाल से ही धातुविज्ञान में दक्षता प्राप्त थी। धातुविज्ञान में भारत की दक्षता उच्चकोटि की थी। दिल्ली के महरौली क्षेत्र में खड़ा लौहस्तम्भ (चौथी शती) 1700 वर्षों से साक्षी है और वर्षा में भी जंगरहित खड़ा है। 13वीं शताब्दी में निर्मित कोणार्क मन्दिर में 90 टन भार का लौह स्तम्भ है।

चिकित्सा के क्षेत्र में धातुओं का भस्म, लौह भस्म (मण्डूर भस्म), स्वर्ण भस्म, मोतियों आदि से उपचार होते रहे हैं। रत्नों को धारण करने से ग्रह के दुष्प्रभावों के शमन का भी वर्णन ग्रन्थों में है। प्राचीन काल से ही अपनी-अपनी आर्थिक स्थिति के अनुरूप धातुओं के बर्तन में जनमानस खाना खाते और खाना बनाते थे। धातु के बर्तनों में पानी पीने से रोगोपचार होता रहा है। आचार्य श्री का भी धातु सम्बन्धी ज्ञान मूकमाटी में परिलक्षित है। उन्होंने भी सूक्ष्मता और विशदता से समस्त उपचार पद्धतियों का वर्णन किया है—धातुओं के सन्दर्भ में—द्रष्टव्य है। वे धातु के आरोगयवर्द्धक बरतनों को बेचकर हानिकारक बर्तन लेना उचित नहीं समझते धातु के बर्तनों में खाना, पानी पीना आरोग्यवर्द्धक हैं।

स्वर्ण के कुम्भ-कलश-थालियाँ
रजत के लोटे प्याल-प्यालियाँ
जलीय दोषों के वारक
ताम्र के घट-घटू हँडियों
बड़ी-बड़ी परात-भगोनियाँ
आदि आदि मौलिक बर्तनों को
बेच बेचकर
जघन्य सदोष बर्तनों को
मोल ले रहे हैं धनी, धीमान तक।

अस्थि भंग

यदि हाथ पैर की हड्डी टूटी हो तो माटी के प्रयोग से जुड़ जाती है बस माटी हृदयस्थल पर नहीं लगाना चाहिए।

हस्त-पाद की अस्थि टूटी हो
माटी के योग से जुड़ सकती है
...अविलम्ब
कुछ ही दिनों में पूर्ववत् कार्यारम्भ। *पृ. 405*

माटी चिकित्सा कहाँ कहाँ करें

मात्र हृदय-स्थल को छोड़कर
शरीर के किन्हीं भी अवयवों पर
माटी का प्रयोग किया जा सकता है।

मूर्च्छा का प्रतिकार

छनी हुई
कुंकुभ-मृदु-काली माटी में
नपा-तुला शीतल जल मिला
उसे रौंध रौंधकर
एक मेरा लोंदा बना
एक टोपा बनाकर
मूर्च्छा के प्रतिकार हेतु

जल से भरे पात्र में
गिरा तल लौह पिण्ड वह
चारों ओर से
जिस भाँति
जल को सोख लेता है
उसी भाँति टोप भी
मस्तक में व्याप्त उष्णता को
प्रतिपल पीने लगा।

रत्न चिकित्सा

प्राकृतिक औषधि रूप तत्त्वों सूर्य, चन्द्र, जल, अग्नि, वायु, मिट्टी का तो प्रचुरता से वर्णन है ही इन्हीं के साथ पूज्य श्री उद्भिज्ज (पृथ्वी से निकलकर आने वाली औषधियों), खनिज द्रव्य (सुवर्ण, रजत, मूंगा, स्फटिक, लौह, नीलम, हीरा। स्फटिक का उल्लेख चरक ने औषधि के रूप में किया है आदि, समुद्रज-मुक्ता, सीप वैदूर्य मुक्तामणि भाजनानाम् चि. सं. 4/106)। मूकमाटी में भी देखिए–

झिलमिल झिलमिल करती
मणिमय मालाएँ
मंजुल मुक्ता की लडियाँ
झुरझुर झुरझुर करते
अनगिन पहलूदार
उदार हीरक-हार
तोते की चोंच को लजाते
गूंगे से मूंगे
नयनाभिराम नीलम के नग
जिन्हें देखकर मयूर-कण्ठ की नीलिमा नाच उठती है
केशर बिखरते पुखराज
पारदर्शक स्फटिक
अनल सम लाल होकर भी
शान्त किरणों के पुंज माणिक
इन सबसे केवल

शीतलता ही नहीं मिलती हमें
मधुमेय खाम-श्वास-क्षय
आदि-आदि राज-रोगों का
उपशमन भी होता है इनसे। पृ. 411–412

दही-मट्ठा के लाभ

दही-मट्ठा सेवन लाभकारी होता है दूध में चीनी डालकर पीना लाभप्रद है और मट्ठे को छौंक लगाकर पीना चाहिए।

माटी के सफल उपचार से
चिकित्सक-दल प्रभावित हो
भोजन-पान के विषय में भी
अपना अभिमत बनाता है
कुम्भ के अनुरूप, कि
माटी के पात्र में तपाकर
दूध का पूरा शीतल बना
पेय के रूप में देना है रोगी को
किं वा
उसी पात्र में अनुपात से जामन डाल
दूध को जमाकर
मथानी से मथ मथ कर
पूरा नवनीत निकाल
निर्विकार तक्र का सेवन कराना है।।407।।
सन्ध्याकाल टाल कर
मठे को यदि छौंक दिया जाता है
मठा स्वादिष्ट ही नहीं
अपितु पाचक भी बनता है
और
दूध में मिश्री का मिश्रण हो तो
दूध स्वादिष्ट भी बनता, बलवर्धक भी। पृ. 443

गुरुदेव इसका कारण बताते हैं–

सन्धिकाल में सूर्य तत्त्व का
अवसान देखा जाता है
और
सुषुम्ना यानि
उभय तत्त्व का उदय होता है
जो
ध्यान साधना का उपयुक्त समय होता है।

आचार्य श्री सृजात्मक शैली में कहते हैं–

धन्य हैं आचार्य श्री उनकी अनुपम उदारता एवं लोक कल्याण की भावना। आचार्य श्री निसर्ग चिकित्सा एवं आयुर्वेद में विश्वास रखते हैं उन्होंने दो टूक कहा

माटी पानी और हवा
सौ रोगों की एक दवा। पृ. 399
पथ्य का सही पालन हो...तो
औषध की आवश्यकता ही नहीं
और यदि पथ्य का पालन नहीं हो तो...तो भी
औषध की आवश्यकता नहीं।

पथ्य का सही पालन हो तो औषध की आवश्यकता ही नहीं और यदि पथ्य का पालन नहीं हो...तो भी।

शारीरिक लक्षण

सर्वदा सब प्रकार से सम्पूर्ण शरीर को जो वैद्य जानता है वही वैद्य लोक में सुख देने वाले सम्पूर्ण आयुर्वेद शास्त्र को जानता है (चरक संहिता) इसलिए आचार्यों ने न केवल शरीर अपितु शरीर के पोषक आहार-पान सम्बन्धी जो अनुभव प्राप्त किया इसे उन्होंने प्रकृति के माध्यम से प्रकट किया।

वैद्य शरीर के विभिन्न अंगों को देखकर ही रोग की पहचान कर लेते हैं– रोगी के मुख दर्शन मात्र से ही रोग का सही निदान कर लेते हैं।

कुछ....तो
रोग का सही निदान कर लेते हैं

कुछ...तो
रोगी की रसना का रंग रूप
लख कर रही
कुछ नाड़ी की फड़कन से

और नख-दृग-लालिमा की तर-तमता से रोग को पहचान पाते हैं। पृ. 390

चित्त क्षुभित हुआ उसका
पित्त कुपित हुआ उसका
भृकुटियाँ टेढ़ी सी तन गई
आँख की पुतलियाँ तो
लाल-लाल तेजाबी सी बन गयी।

औषधि की आवश्यकता—

रसायन की यह
ललक और चखन
पित्त प्रशमन हेतु
सुधा सेवन किया करो
जहाँ तक पथ्य की बात है
सो
सब चिकित्सा शास्त्रों का
एक ही मत है बस...
पथ्य का सही पालन हो...तो
औषध की आवश्यकता नहीं। पृ. 397
इस पर भी यदि
औषध की बात पूछते हो
सुन लो!
तात्कालिक
तन विषयक रोग ही क्या
चिरन्तर चेतन-गत-रोग भी जो
जनन-जश्न-मरण रूप हैं नव-दो-ग्यारह हो जाता है। पृ. 397

दूध को पूरा शीतल बना
पेय के रूप में देना है रोगी को
किं वा
उसी पात्र में अनुपात से जामन डाल
दूध को जमाकर
मथानी से मथ-मथकर
पूरा नवनीत निकाल
निर्विकार द्रव्य का सेवन करना है।
मुक्त-सी उजली-उजली
मधुर पाचक सात्त्विक
कर्नाटकी ज्वार की
रवादार दलिया जो
अधिक पतली न हो
द्रव्य के साथ देना है। पृ–407
मठे को यदि छौंक दिया जाता है
मठा स्वादिष्ट ही नहीं
पाचक भी बनता है
और
दूध में मिश्री का मिश्रण हो तो
दूध स्वादिष्ट भी बनता है बलवर्द्धक भी

तुम्हारी पापिन आँखों ने
पीलिया रोग को पी लिया है
अन्यथा क्यों बनी है
तुम्हारी काय पीली-पीली? पृ. 364

मूकमाटी में शल्य चिकित्सा को भी स्थान दिया है, शल्य चिकित्सा भारत में प्राचीनकाल से प्रचलित पद्धति है। शल्य चिकित्सा के सफल प्रयोगी के अनेक वर्णन बौद्ध ग्रन्थों में हैं। विनयपिटक में चीवर स्कन्धक 452 में शल्य चिकित्सा की 2 घटनाएँ हैं–मूकमाटी के अध्ययन से ज्ञात होता है कि आचार्य श्री ने आयुर्वेद के ग्रन्थों का भी तलस्पर्शी अध्ययन किया है। मूकभाटी को सूक्ष्मता से देखो तन और मन को पूर्व स्वस्थ रखने का विशद विधान है। आचार्य सुश्रुत ने सर्वप्रथम

विश्व को शल्यचिकित्सा का ज्ञान दिया। उनके द्वारा रचित सुश्रुत-शल्य-तन्त्र अथवा सुश्रुत संहिता शल्य चिकित्सा का प्रामाणिक एवं प्रसिद्ध ग्रन्थ है।

मूकमाटी पूछती है–

तुम्हारी आँखों की
शल्य चिकित्सा हुई है क्या? पृ–46

वमन का कारण कुछ नहीं
आन्तरिक अरुचि मात्र

पित्त का कारण

उष्ण प्रकृति होने से
सदा पित्त कुपित रहता है
तथा चित्त क्षुभित रहता है

शनैः शनैः ज्वरसूचक यन्त्र गत
ऊपर चढ़े हुए उतरते पारा सम

औषध-सेवन का फल तो
रोग का शोधन है-नीरोगता
अनमोल सो...धन है।

आचार्य श्री दीर्घायु एवं सुखी जीवन का एक सूत्र देते हैं–

जो जीव
अपनी जीभ जीतता है
दुःख रीतता है उसीका
सुखमय जीवन बीतता है
चिरंजीव बनता वही– पृ. 116

चिकित्सक के गुण

चिकित्सक के विषय में चरक ने भी कहा है

आतुरस्यान्तरात्मानं यो नाविशरित रोगवित्।
ज्ञान बुद्धि प्रदीयेन न स रोगान् चिकित्सति

जो चिकित्सक रोगी का हाल-ज्ञान और बुद्धि के प्रकाश से नहीं जान सकता, वह चिकित्सा नहीं कर सकता।

नाड़ी ज्ञान शरीर शास्त्र का ज्ञान वैद्य के लिए परम आवश्यक है—

शरीरं सर्वथा सर्व सर्वदा वेद यो भिषक्।
आयुर्वेदं समासेन वेदलोक सुखप्रदम्।।

जो वैद्य सब प्रमाणों द्वारा शरीर-शास्त्र का ज्ञान प्राप्त कर चुका है। वही लोक में सुखदायक आयुर्वेद का ज्ञाता है।

वैद्य की प्रतिभा
एक से एक अनुभवी
चिकित्सा-विद्या-विशारद
विश्वविख्यात वैद्य
सेठ की चिकित्सा हेतु आगत हैं
जिनमें ऐसे भी मेधावी हैं
जो एक वैद्य ऐसा भी है
रोगी के मुख दर्शन मात्र से
रोग का सही निदान कर लेते हैं
कुछ ... तो
रोगी की रसना का रंग रूप
लख कर ही
कुछ नाड़ी की धड़कन से
और
नख-हग-लालिमा की तर-तमता से
रोग को पहचान पाते हैं।

चिकित्सक धन लोलुप नहीं होते। वे अपने ज्ञान का उपयोग रोगी को स्वस्थ करने में ही लगाते हैं। निःस्वार्थ सेवा ही उनका ध्येय है। वैद्य केवल चिकित्सक ही नहीं होते अपितु, मंत्रवेत्ता, निमित्त ज्ञानी ज्योर्तिविद भी होते हैं—वे परोपकारी और संवेदनशील होते हैं—

चिकित्सक की दृष्टि वह
राशि की ओर कभी मुड़ती ही नहीं
मुड़नी भी नहीं चाहिए। पृ. 395

प्राचीन भारतीय समाज में चिकित्सक का महत्वपूर्ण स्थान था चिकित्सा के साथ-साथ मंत्र-तंत्र ज्योतिष को भी प्रभावी व आवश्यक समझा जाता था। प्राचीन भारत में चिकित्सा क्षेत्र अध्ययन अध्यापन की दीर्घ परम्परा रही है। अशोक के अभिलेखों में मानव चिकित्सा के साथ-साथ पशु-चिकित्सा औषधालयों एवं औषधियों का विस्तृत वर्णन मिलता है। उसमें सामाजिक अस्पतालों का उल्लेख मिलता है। (भण्डारकर डी. आ. अशोक पृ. 239)

वैद्य-मन्त्र वेत्ता, अरिष्ट शास्त्र के
वरिष्ठ ज्ञाता भी होते हैं।

समुद्र विज्ञान

समुद्र विज्ञान समुद्रों के अध्ययन का क्रमबद्ध विज्ञान है, जिसके अन्तर्गत महासागरीय जल की भौतिक रासायनिक विशेषताओं, उसकी गहराई, तापमान, लवणता विभिन्न प्रकार की गतियों, महासागरीय बेसिनों, जल में पायी जाने वाली विभिन्न प्रकार की वनस्पतियों तथा जीवों का अध्ययन किया जाता है। आचार्य श्री को सागर की स्थिति का भलीभाँति ज्ञान है। यद्यपि मूकमाटीकार ने भावना को नदी का रूप देकर चिन्तन को समुद्र बनाया है जो किनारों को इस से प्लावित करती है और विचारों के सागर में आत्मसात हो जाती तदपि समुद्र-विज्ञान के विभिन्न पक्ष इस अनुसंधान में उजागर हो जाते हैं–

जैन ग्रन्थ, तिलोयपण्णति त्रिलोकसार आदि जैन भूगोल के महानतम ग्रन्थ है आचार्य श्री ने विश्व के सागरों महासागरों का अध्ययन किया है। तीर्थकरों का जन्माभिषेक तो क्षीरसागर के जल से ही होता है। आचार्य श्री ने अपने अध्ययन व प्रखर मेधा से सागर का तलस्पर्शी ज्ञान प्राप्त किया है।

सागरीय जल सत्ता
माँ महासत्ता
हिमखण्ड को डुबोती नहीं
इसमें क्या राज है। पृ. 53

सागरीय शुक्तिका में गिरती
स्वाति का काल हो
मुक्तिका बनकर
झिलमिलाती है बेटा
वही जलीय सत्ता। पृ. 8

सागर मौलिक मुक्ताओं का निधान है–
अंगर सागर की ओर दृष्टि जाती है
गुरु-गारव-सा
कल्पकाल वाला लगता है सागर
अगर लहर की ओर
दृष्टि जाती है
अल्पकाल वाला लगता है सागर
मौलिक मुक्ताओं का निधान सागर भी है
कारण
मुक्ता का उपादान जल है
यानी जल ही मुक्ता का रूप
धारण करता है। पृ. 192

आचार्य श्री अपनी मानवीकरण कर प्रस्तुति की चिरपरिचित शैली में कहते हैं–

सीप स्वयं धरती का अंश है
स्वयं धरती ने सीप को प्रशिक्षित कर
सागर में प्रेषित किया है
जल को जड़त्व से मुक्त कर
मुक्ता फल बनाया... पृ. 193

सागर की असीम छाती पर
अनगिन शुक्तियाँ तैरती हैं
जल कणों की प्रतीक्षा में
एक-दो बूँद मुख में गिरते ही
तत्काल बन्द मुखी बनाकर
सागर उन्हें डुबाता है। पृ. 193

सीप क्या है, सीप में मोती कैसे बनता है–
जल को मुक्ता रूप में ढालने में
शुक्तिका ... सीप कारण है
और सीप स्वयं धरती का अंश है
मुक्त मुखी हो, उर्ध्वमुखी हो

सागर की असीम छाती पर
अनगिन शुक्तियाँ तैरती रहती हैं
जल कणों की प्रतीक्षा में
सागर में से उठते-उठते
क्षारपूर्ण नीर भरे
क्रम-क्रम वायुयान सम
अपने-अपने दलों सहित
आकाश में उड़ते हैं।

वह जल रत्नाकर बना है
बहा-बहाकर
धरती के वैभव को
ले गया है। पृ. 189

...प्रखर-प्रखर तर अपनी किरणों से
जलधि के जल को
जला-जलाकर सुखाया
चुराकर भीतर रखा हुआ
अपार धन वैभव दिखा गया। पृ. 190
वसुधा की सारी सुधा

सागर में जा एकत्रित होती
फिर प्रेषित होती ऊपर
और...
सुधा का सेवन करता है
सुधारकर, सागर नहीं
सागर के भाग्य में क्षार ही लिखा है। पृ. 191

सागर में ज्वार का कारण गुरु जी बताते हैं–
खेद है
चन्द्रमा का अनुसरण करती हैं
ताराएं भी
इधर सागर की भी यही स्थिति है
चन्द्र को देखकर उमड़ता है

और
सूर्य को देखता उबलता है। पृ. 192

सूर्य और चन्द्रमा का गहन सम्बन्ध है। सागर में उठने वाली लहरों का सम्बन्ध सूर्य-चन्द्रमा की गुरुत्वाकर्षण शक्ति से ही सागरीय जल ऊपर उठता है और गिरता है। सागर का ऊपर उठकर आगे बढ़ना ही ज्वार है। अमावस्या और पूर्णिमा के दिन चन्द्रमा, सूर्य और पृथ्वी के एक सीध में आने पर हुए मिले-जुले प्रभाव से सागर प्रभावित होता है।

सागर की अपनी ही रहस्यमयी दुनिया है। सागर में रत्न भी हैं, चट्टानें भी, फूल भी, जीव-जन्तु भी, रत्न भी, खनिज भी। समुद्र में केवल मछलियाँ ही नहीं, सर्पों की भी लाखों प्रजातियाँ रहती हैं। गुरुदेव समुद्र विज्ञान से भी अनभिज्ञ नहीं हैं। वे कहते हैं सागर में विष का विशाल भण्डार मिलता है।

और सागर में क्या है क्या होता रहता है–
भयंकर विषधर अजगर
मगरमच्छ स्वच्छन्द
समुद्र में चारों ओर विचरण करते हैं
अपरिचित सा कोई दिखते ही
साबुत निगलते हैं उसे
यदि वह पकड़ में नहीं आता हो
तो...तो...क्या?
वातावरण को विषाक्त बनाया जाता है
तुरन्त, विष फैलाकर
यही कारण है कि
सागर में विष का विशाल भण्डार मिलता है

गुरुदेव हम सबको यही शिक्षा देते हैं–

अन्तरंग की शक्तियों का अभिव्यक्त करने की
अपने अपने कारणों से
सुसुप्त शक्तियाँ
लहरों सी व्यक्तियां
दिन-रात बस
ज्ञात करना है तुम्हें– पृ. 17

अपनी यात्रा का
सूत्रपात करना है तुम्हें

आइए, हम सब मूकमाटी का भली प्रकार मंथन करें। गुरुदेव ने कहा है–

समुचित मंथन से
नवनीत का लाभ अवश्य होता है। पृ. 14

यहां सबका सदा
जीवन बने मंगलमय
छा जावे सुख छांव
सबके सब टले वह अमंगलभाव
सबकी जीवन लता हरित भरित विहंसित हो
गुण के फूल विलसित हो
नाशा की आश मिटे
आमूल महक उठे बस..... पृ. 470

सागर में हिमखण्ड भी तैरते हैं–
जल की गहराई को छोड़कर
जल की लहराई में आकर
तैरता हुआ सा
अध डूबा
हिम का खण्ड है। पृ. 52

इस प्रकार हम देखते हैं कि कला और विज्ञान के बीज मूकमाटी में हैं और ये बीज विकसित रूप में हैं। ऐसी रचनाएँ जो सतत साधना की अग्नि से कुन्दन बनकर निकलती हैं, वे सिद्ध करती हैं कि वे आज भी प्रासंगिक हैं, कल भी रहेंगी। जिस वृक्ष की शाखा फूटती हैं और फल देती है, उसकी जड़ों का पृथ्वी में गहरा होना स्वयं सिद्ध है।

मूकमाटी में सुभाषित

1. बहना ही जीवन है।
2. सत्पथ- पथिक वह, मुड़कर नहीं देखता,
   तन से भी मन में भी ॥
3. सत्ता शाश्वत् होती है। सत्ता भास्वत् होती है
4. जैसी संगति मिलती है, वैसी मति होती है।
   मति जैसी, अग्रिम गति मिलती जाती है ॥
5. असत्य की सही पहचान ही, सत्य का अवधान है।
6. पतन पाताल का अनुभव ही उत्थान ऊँचाई की आरती उतारना है।
7. चरणों का प्रयोग किए बिना शिखर का स्पर्शन संभव नहीं।
8. आस्था के बिना रास्ता नहीं, मूल के बिना चूल नहीं।
9. स्वस्थ प्रौढ़ पुरुष भी क्यों न हो, काई लगे पाषाण पर पद फिसलता ही है।
10. आयास से डरना नहीं, आलस्य करना नहीं।
11. किसी कार्य को सम्पन्न करते समय अनुकूलता की प्रतीक्षा करना! सही पुरुषार्थ नहीं है।
12. संघर्षमय जीवन का उपहार नियम रूप से हर्षमय होता है।
13. दुःख ही वेदना में जब न्यूनता आती है दुःख भी सुख-सा लगता है।
14. विचारों के ऐक्य से आचारों के साम्य से संप्रेषण में निखार आता है।
15. प्यार और पीड़ा के घावों में, अन्तर भी तो होता है।
16. अति के बिना इति से साक्षात्कार संभव नहीं।
    इति के बिना अथ का दर्शन असम्भव ॥

17. हृदयवती आँखों में दिवस हो या तमस।
चेतना का जीवन झलक ही आता है ॥
18. दया का होना ही जीव विज्ञान का सम्यक् परिचय है।
19. वासना का विलास ही मोह है।
दया का विकास ही मोक्ष है ॥
20. अधूरी दया करुणा मोह का अंश नहीं है।
अपितु आंशिक मोह का ध्वंस है।।
21. करुणा की कर्णिका से अविरल झरती है।
समता की सौरभ सुगन्ध ॥
22. लघुता का त्यजन ही, गुरुता का यजन ही।
शुभ का सृजन है॥
23. पृथक्वाद का आविर्भाव होना, मान का ही फलदान है।
24. राह बनना ही तो हीरा बनना है।
25. ग्रन्थि हिंसा की सम्पादिका है।
26. छोटी को बड़ी मछली साबूत निगलती है यहां।
27. सहधमी सहजाति में ही बैर वैमनस्य भव्य पराचार देखे जाते हैं।
28. विजाती का क्या विश्वास।
29. धर्म का झण्डा भी डण्डा बन जाता है।
शास्त्र शस्त्र बन जाता है अवसार पाकर ॥
30. गुणों के साथ अत्यन्त आवश्यक है।
दोष का बोध होना भी ॥
31. काँटों से अपना बचाव कर
सुरभि - सौरभ का सेवन करना,
विज्ञता ही निशानी है।
32. कली की आंखों में भ्रान्ति का तमस ही
गहराता है सदा।
33. सत् की आंखों में
शान्ति मा मानस ही, लहराता है सदा ॥
34. काया को कृश करने से। कषाय का दम घुटता है ॥
35. स्वभाव में ही क्षेम हमारा।

36. पुरुष का प्रकृति में रमना ही,
मोक्ष है, सार है।
37. मन बैर भाव का निधान होता ही है।
38. मन की छाँव में ही मान पनपता है।
39. बदले का भाव वह अनल है,
जो जलाता है तन को भी, चेतन को भी
भव भव तक।
40. बोध के सिंचन बिना।
शब्दों के पौधे में कभी लहलहाते नहीं।
41. अस्थिर मन ही पापतन्त्र स्वच्छन्द होता है।
42. अपने आप में भावित होना ही मोक्ष का धाम है।
43. आस्था के बिना आचरण में आनन्द आता नहीं।
आ सकता नहीं ॥
44. आस्था वाली सक्रियता ही निष्ठा कहलाती है।
45. आस्था का दर्शन आस्था से ही संभव है।
46. ज्ञान का पदार्थ की ओर ढुलक जाना ही
परम आर्त पीड़ा है।
47. गुणी के ऊपर चोट करने पर गुणों पर,
प्रभाव पड़ता ही है।
48. बबूल के ढंढ की भांति,
मान का मूल कड़ा होता है।
49. प्रसन्नता आसन्न भव्य की माली है।
50. हंसनशील प्रायः उतावला होता है।
51. करुणा रस में शान्त रस का अन्तर्भाव मानना बड़ी भूल है।
52. करुणा तरल है, बहती है
पर से प्रभावित होती झट-सी
53. परिधि की ओर देखने से
चेतन का पतन होता है।
54. परम केन्द्र की ओर देखने से
चेतन का जतन होता है।

55. श्वान को पत्थर मारने से, वह
पत्थर को ही पकड़कर काटता है।

56. प्रमाद पथिक का परम शत्रु है

57. ग्रहण संग्रहण का भाव होता है।
सो.... भवानुगामी पाप है।

58. व्यय से भी कोई चिन्ता नहीं
परन्तु
अपव्यय महा भयंकर है।

59. सर्व सहा होना ही
सर्वस्व का पाना है जीवन में

60. सागर के भाग्य में क्षार ही लिखा है।

61. अर्थ की आंखें परमार्थ को देख नहीं सकती।

62. अर्थ की लिप्सा ने बड़ों-बड़ों को निर्लज्ज बनाया है।

63. मन का नियन्त्रण असम्भव तो नहीं,
तथापि, वह एक उलझन अवश्य है।

64. वही बुद्धिमानी है,
जो हित संवत् सम्पादिका और,
स्वपर आपत् संहारिका।

65. लक्ष्मण रेखा का उल्लंघन,
रावण हो या सीता,
राम ही क्यों न हो
दण्डित करेगा ही।

66. हिंसा की हिंसा करना ही,
अहिंसा की पूजा है।

67. परीक्षा की भी सीमा होती है।

68. अतिपरीक्षा भी प्रायः
पात्र को विचलित करती है पथ से
पाथेय के प्रति प्रीति भी घटती है।

69. काँटे से ही काँटा निकाला जाता है।

70. जब सुई से काम चल सकता है
तलवार का प्रहार क्यों?

71. जब फूल से काम चल सकता है,
शूल का व्यवहार क्यों?

72. परीषह उपसर्ग के बिना कभी
स्वर्ग न।

73. अपने ही बाहुओं से तैर कर
तीर मिलता नहीं बिना तेरे।

74. असंयमी संयमी को क्या देगा?
विरागी रागी से क्या लेगा?

75. निर्बल जनों को सताने से नहीं,
बल संबल दे बचाने से ही,
बलवानों का बल सार्थक होता है।

76. नीचे से निर्बल को ऊपर उठाते समय,
उसके हाथ में पीड़ा हो सकती है।
उसमें उठाने वाले का दोष नहीं
उठने की शक्ति नहीं होना ही दोष है।

77. अपनी कसौटी पर अपने को कसना,
बहुत सरल है.... पर
सही-सही निर्णय लेना बहुत कठिन है।

78. स्व-पर दोषों को जलाना,
परम धर्म माना है सन्तों ने।

79. विषयों और कषायों का वमन नहीं होना ही
उसके प्रति मन में
अभिरुचि का होना है।

80. रस का स्वाद उसी रसना को आता है।
जो जीने की इच्छा से नहीं
मृत्यु की भीति से भी ऊपर उठी है।

81. क्षमा करना, क्षमा करना
धर्म है साधक का
धर्म रमा करना।

82. स्वस्तिक से अंकित हृदय से
अध्यात्म का झरना झरता है।

83. अध्यात्म सदा सत्य चिद्रूप हो
भास्वत होता है।

84. अपनी प्यास बुझाये बिना
औरों को जल पिलाने का संकल्प
मात्र कल्पना है।
मात्र जल्पना है।

85. जो निज भाव का रक्षण नहीं कर सकता
वह औरों को क्या सहयोग देगा?

86. भक्त का भाव अपनी ओर
भगवान को भी खींच ले आता है।

87. परीक्षक बनने से पूर्व
परीक्षा में पास होना अनिवार्य है
अन्यथा, उपहास का पात्र बनेगा वह।

88. सरवर की लहर सरवर में ही समाती है।

89. कण हो या मन हो
प्रति पदार्थ का मूल्य होता ही है।

90. परम-पुण्य के परमोदय से,
पात्र - दान का लाभ होता है।

91. पूज्यपादों की पूजा से ही,
मन वांछित फल मिलता है।

92. पर से स्व की तुलना करना,
पराभव का कारण है। दीनता का प्रतीक भी

93. बिना सन्तोष जीवन सदोष है।

94. सीमा में रहना असंयमी का काम नहीं,
जितना मना किया जाता है
उतना मनमाना होता है।

95. प्रकाश का सही लक्षण वही है
जो सब को प्रकाशित करे।

96. भाग्यशाली भाग्यहीन को,
कभी भगाते नहीं, प्रभो
भाग्यवान्, भगवान बनते हैं।

97. कहीं भी गिरी हो
ससूत्र सुई सो
कभी खोती नहीं

98. सही दिशा का प्रसाद ही,
सही दशा का प्रासाद है।

99. भोग ही तो रोग है।

100. वैराग्य की दशा में
स्वागत - आभार भी
भार लगता है।

101. गगन का प्यार कभी
धरा से हो नहीं सकता
मदन का प्यार कभी
जरा से हो नहीं सकता।

102. भगवों को रंग दाग सुहाता नहीं कभी।

103. सहयोग - मात्र से
नीच बन नहीं सकता उच्च
इस कार्य का सम्पन्न होना
सात्विक संस्कार पर आधारित है।

104. एक के प्रति राग करना ही
दूसरों के प्रति द्वेष सिद्ध करता है।

105. नामधारी सन्त की उपासना से
संसार का अन्त हो नहीं सकता।

106. दया से दरिद्र द्रव्य किस काम का।

107. सन्त पर आक्रोश व्यक्त करना
समता का उपहास करना है।

108. ध्येय यदि चंचल होगा, तो
कुशल ध्याता का शान्त मन भी
चंचल हो उठेगा ही।

109. पाप भरी प्रार्थना से
प्रभु प्रसन्न नहीं होते।

110. पावन की प्रसन्नता वह
पाप के त्याग पर आधारित है।

111. आधार का हिलना ही,
आधेय का हिलना है।

112. बहुमत का परिणाम यही तो होता है।
पात्र भी अपात्र की कोटि में आता है।

113. मात्र दमन की प्रक्रिया से
कोई भी क्रिया
फलवती नहीं होती।

114. प्रकृति से विपरीत चलना
साधना की रीत नहीं है।

115. कोई भी कला हो,
कला मात्र से जीवन में
सुख शान्ति सम्पन्नता आती है।

116. सत्पुरुषों से मिलने वाला
वचन व्यापार का प्रयोजन
पर-हित सम्पादन है।

117. योग के काल में भोग का होना,
रोग का कारण है।

118. प्रायः संपुष्ट शरीर,
दया के दमन से ही बनते हैं।

119. उद्दण्डता को दूर करने हेतु
दण्ड संहिता होता है।

120. घातक-घायल डाल पर,
रसाल फल लगता नहीं,
लग भी जाये
पकता नहीं।

121. पद वाले ही पदोपलब्धि हेतु
पद को पद-दलित करते हैं।
पाप पाखण्ड करते हैं

122. जितने भी पद हैं,
वह विपदाओं के आस्पद हैं।

123. बांधना भी तो बन्धन है।

124. धरणी को उर में धारण कर
करनी को हृदय से सुधारना है।

125. लहरों के दर्शन मात्र से
सन्तुष्ट होने वाले
प्रायः डूबते दिखे हैं।

126. गुणों में गुण कृतज्ञता है।

127. पुण्यात्मा का पालन पोषण
उचित है कर्तव्य है।

128. संताप ताप-शील वाली
जलती और जो
औरों को जलाती है।

❑❑❑